阅

阅读成就梦想……

Read to Achieve

THE LITTLE BOOK OF BIG MANAGEMENT QUESTIONS

The 76 Most Important Questions

—— and How to Answer Them ——

管理问题书

经理人必知的76个管理真相

[英] 詹姆斯·麦克格拉斯（James McGrath）/ 著

赵欣　胡柏翠 / 译

中国人民大学出版社

· 北京 ·

前言

多年前我曾听过这样一个故事，某位经营着几十亿英镑资本的企业首席执行官在一次采访时被问道：“你有压力吗？”他回答：“没有，但我传输压力。”

我不知道这个故事是真实的还是虚构的，但它却蕴涵着一个管理方面的至上真理：承受压力最大的不是高层，也不是底层，而是处于中间的人——那些备受非议的中高层经理人员，他们就是夹在压力三明治中间的肉。他们一方面要想方设法调解劳资双方的需求矛盾，另一方面要努力地做好自己的工作，建立并维持工作以外的生活，还要耐着性子对待每一个走进他们的办公室说“能耽误你一会儿吗”的人。如果没有这些作为中流砥柱的经理人员，组织的愿景和战略规划永远都不可能实现，员工们也茫然不知工作的方向和意义所在。

本书有两个目的：

- 通过为每位经理人在其职业生涯的某个阶段都会面临的众多问题提供解答，让初、中、高三级经理人的生活更为轻松；
- 为那些未来想要成为职业经理人的人提供帮助。

然而，当经理人遇到问题的时候，他们通常会不知所措，也不知该向谁咨询。有时他们并不想寻求帮助，觉得那是一种软弱的表现。于是他们便试图自己解决问题，从实践中学习。然而，这种方式不仅耗费时间，而且在他们学习的过程中，小问题有可能会演变成大灾难。本书将帮助你消除这种隐患。

本书所要解决的问题正是经理人员在其整个职业生涯中所面临的问题，因此你会发现有些问题与你和你目前的情况相关性更高。那很好。我很乐意你能通读全书，随意挑选最符合你当前需求的问题，并且请将此书放在手边——你永远不知道什么时候就会用到它。

本书内容

这本书涵盖了经理人员常问的 76 个问题。为帮助你找到所需答案，每个问题均用清晰简练的语言加以表述，但千万不要因问题表面的简单化而困惑。答案并非一蹴而就，而且任何一个问题如果回应有误，都会给你造成严重的后果。

这些问题将分为七部分。你可以就如下这些问题得到建议：

- 自我管理；
- 管理他人；
- 管理项目；
- 领导更大的组织；
- 与客户及供应商打交道；
- 管理工作计划和预算；
- 理解财务术语。

前　言

本书注重相关性和实用性，因此你可以在短短几分钟之内便得到颇为复杂的问题的答案。与很多管理书籍不同，本书还就如何应用其中的方法解决你的问题提供了详尽的建议。

前六部分的所有问题均遵循如下四段式结构：

- 为什么很重要；
- 问题背后的商业思考；
- 你该做什么；
- 问一问自己。

第七部分“理解财务术语”略有不同。作为经理人，你需要理解你的会计跟你谈论的内容，并能够提出有意义的问题。然而，你并不太可能会被要求应用这一信息（除非你本身是一名会计——而那样的话，你也就已经知道这部分的内容了），因此，这些内容仅供参考。“你该做什么”和“问一问自己”这两部分已经被省略了，但问题 76 除外，这一问题也采用了四段式结构，并就如何提高利润提供了建议。

问题与问题之间当然会有相互关联及重叠之处。为帮助你意识到这些地方，每个问题均有标记，我用这种方式引出涉及同一问题不同方面的其他问题。例如，如果你正在看问题 4，你或许想看看我对问题 20 的建议，因为这章也是关于节约时间的。

本书的价值

如果你真的想要成为一位更有效的经理人，并且愿意阅读、思考和尝试建议，那么本书将：

- 帮助你处理每位经理人在其职业生涯中所面临的各种各样的问题；
- 为你提供思考你与员工、同事、组织内的关键成员、客户、供应商以及其他利益相关方之间关系的新思路；
- 通过提升你解决问题尤其是重要问题的能力，从而使你成为更加优秀的经理人；
- 改进你对所在组织运作环境的理解；
- 助你晋升，提升个人能力和获取更高权力。

但要想做到上述方面，你需要下点工夫。

如何最有效地利用本书

在本书的相关章节中，我相信你会找到对你很多问题的解答，而且能够相当轻松地实施这些建议。但是，你或许对部分答案持有不同意见，或许你只能在你的实际情况中部分地使用某一答案。书中所建议的方法或许并不适合你的个性或你所在组织的文化。那么没关系——任何问题都不止一种解决方法。任何声称自己已经考虑到所有可能选择的人其实根本没有考虑得那么全面。关键在于，给你的建议会令你作出反应，让你思考其他方法来解决问题和确立你自己的思维模式。

在阅读本书时，请记住以下几点。

- 本书内容对于从事生产及服务领域的经理人也是适

用的。这两个领域都是在生产“产品”。一家营销公司销售一种产品的过程,就是其“生产”产品的过程,正如一家生产汽车保险杠的公司生产汽车保险杠这种产品一样。因此，本书的内容对上述两个领域的经理人同样适用。你只需要问问自己:“这条建议与我的工作及流程有多少相关性?”并且根据你的具体情况对所给的信息稍加调整即可。

- 本书内容对于从事采购和销售的经理人同样适用。为外部客户提供的服务或对外部供应商所期待的服务标准为什么要与对内的服务标准有所取区别呢?无论对内对外，你都必须尽力建立同样专业及友好的关系。
- 不要因为本书内容分为七部分，就认为，比如说，记录在第二部分“管理他人”中的内容不适用于其他部分——如第三部分“管理项目”，反之亦然。

我建议你准备一本反思日记，非常扼要地记下你所处理的重要问题，你都采取了哪些做法来解决问题及其产生的相应结果。当然，你肯定会因时间紧缺，而无法做到这一点。如果那样的话，你不妨在回家的路上花几分钟时间来回顾反思一下当天的要事。

用日记或反思作为一种分析成败的方法，试着理解为什么有的行动方案很有效，而有的却不是，以及如果你再遇到同样或类似问题时，你的做法会有何不同。要从成功和失败中汲取教训。失败并没有什么可耻的。伟大的吉米·格里夫斯

（Jimmy Greaves）坚持认为，一流的射手能抓住每四次射门机会中的一次机会成功射中。这就意味着他们会有 75% 的失败概率，但他们知道这些失败是为了最终的成功所付出的代价。你就需要培养这样的心态。

通过反思你的所作所为，你会在潜意识中储存信息。这种无意识的知识——我称之为“隐性知识”（请参见问题 5），约翰·阿代尔（John Adair）称其为深层知识——即老一辈人所谓的直觉。这是甚至你自己都不知道你所拥有的知识，而它每天都在影响着你的思想和行动。例如，你是否曾花几个小时去纠结某一问题或决定，却突然间灵光一现想出了解决方法？而且方法全面完整，并且很有可能与你之前的考虑完全不同？这就是你的隐性知识在发挥作用。

最后，在你像平时一样开始试图把 12 小时的工作排进 8 小时之内时，有必要考虑一下孔子在《论语》中的话：“子绝四：毋意、毋必、毋固、毋我。”

遵循孔子教诲，你便不会谬之千里。最后，谨祝各位事业成功！

目录

目 录

第三部分\管理项目　85

LITTLE BOOK OF BIG MANAGEMENT QUESTIONS:

第一部分 自我管理

君子不重，则不威；学则不固。

主忠信……过，则勿惮改。

孔子，《论语》

本部分是关于你及你的管理态度、知识和技能的。在你能有效管理他人之前，需要知晓自己的优势和劣势。利用本部分的问题来确认你已具备的优势，以及找出你尚需改进的地方。只有这样，你才能扬己之所长，并找出方法补己之所短。要记住，完美的经理人是不存在的。你如果想成为自己能力所及的最好的经理人，总是有需要提升之处的。

如果本部分开头的引用还不够清楚明了的话，那么你需要在处理问题时灵活机动，在自己犯错时勇于承认。只有这样，你才能放开手脚尝试另一种方法。如果你发现自己的策略行不通，不要总认为是与你共事的人造成的问题。要始终谨记，对愚蠢的一种解释是——一而再、再而三地重复同样的事情，还期望着会有什么不同的结果。

孔子还提到忠信。作为一名经理人，你最重要的资产便是你的声誉。人们尊敬并追随那些他们信任的人。所以，当出现问题时，不要指责那些为你工作的可怜人。作为负责人，你不仅要对自己的行为，也要对你员工的行为负最终责任，这一点你必须认同。除此之外，如果你还能永不盗用他人观点或工作，那么你的员工就会尊敬并信任你了。这些情感会为你与员工及同事之间的关系奠定强有力的基础。

问题 1 我的管理风格是什么样的

为什么重要：每位经理人都有自己固有的管理风格。你需要知道自己的风格，从而在需要采取另一种方式的情况下，可以有意识地对其加以调整。

道格拉斯·麦格雷戈（Douglas McGregor）在撰写《企业的人性面》（*The Human Side of Enterprise*）一书时，对管理思维提出了革命性的理论，确定了经理人对员工所持有的两套看法。正如所有的成见一样，这两种描述并没有反映大多数经理人观点的实际情况，而通常经理人们的观点位于两者之间。

X 理论的经理人员认为：

- 人们是懒惰的，不值得信任，不喜欢工作，并且如有可能就会尽力避免工作；
- 人们喜欢安逸的生活，逃避责任，缺乏雄心壮志，对工作安全感的需求胜于一切；
- 为了让人们工作，经理人就得不断地监控他们的行为，并以惩罚措施加以威慑。

Y 理论的经理人员认为：

- 人们与生俱来就富有创造性和想象力，喜欢工作所带来的挑战；
- 人们是自觉上进的，想要做一份好工作，并积极寻求锻炼自己的责任和机会；
- 经理人能做的最好的事情是为人们提供能发挥其聪明才干的条件，并尽可能多地给予其自主权。

基于各自的观点，持有 X 理论的经理人对管理采取的是命令加控制的方式。

与此相反，持有 Y 理论的经理人则并不希望控制其员工。他们让员工自主地行使其自主权，而自己则保留对员工下达指令的权利。

你该做什么

- 把上述两种描述重读一遍。给每种描述一个百分数，来表示你对每条陈述的同意程度。两数之和必须等于 100%。没有什么正确答案，所以给出你凭直觉想到的第一个数字。
- 如果你倾向于 X 理论，那么你给予员工的自主权微乎其微，很少授权，并要求员工将多数决策交于你来制定。这会为你制造更多的工作。你想要如此吗？
- 如果你倾向于 Y 理论，那么你会大量授权，并希望员工在出现问题时再向你请教。这对好员工适用，但对那些靠不住的员工呢？
- 记住，要改变你的人性观是很难的。但如果你知道自己固有的管理风格，那么在情况必要的情况下，你可以有意识地做出决定加以改变。例如，如果你是 X 理论型的经理人，你或许会授予更多的权力给“信得过的人”。如果你是 Y 理论型的经理人，你也许会增强你的控制力。
- 在行为方面的任何一种极端改变通常都会适得其反，因为员工们信任始终如一的人，而不信任那些行为令人捉摸不定的人。因此，无论你是 X 还是 Y 型经理人，都该采用以下方法，对所有重要的 / 基本的工作方面都设立明确的规定。例如，需要达到的绩效水平、最后截止期限、按章办事的必要、每人的自主权程度与行为标准等，并要一直维护并执行这些基本规定。

- 如果你已经确立了对你团队基本活动的控制程度，那么要对其他事情更宽松一些。现代商业世界错综复杂，瞬息万变，没有人能知道全部答案。一种更为宽松的方法能让你利用你员工的知识、想象力和洞察力，来提高你的团队和你自己的绩效。

问一问自己

- 什么活动 / 哪些活动会影响我的固有管理观念？
- 我能对自己的管理风格做哪些改变，以提高生产力并改善我和员工的关系？

问题 2　我是管理人还是领导人

为什么重要：组织越来越多地在寻找具有领导技能/潜力的经理人——尤其是在为高级管理人员或董事会的空缺职位寻找人选时。

事实上，每家管理机构都要求经理人员进行领导，并要求领导者们进行管理。但是，如果你把时间都用于管理活动（见表 1—1 中的左栏），你就会被视为一名经理人。而要想被看做是一名领导者或者具有领导潜力的人，你需要关注表 1—1 中右栏中的活动。

表 1—1　　经理人员与领导者所关注的

经理人员所关注的	领导者所关注的
现在	未来
计划	愿景
系统的维护	全局化
保持现状	变革
反馈	激励
目标	成果
监管和控制员工	运用对追随者的影响力
提供秩序感	为追随者提供目标感和方向
传播组织的文化	建立组织的文化
把事做对	做对的事
应对组织内外的复杂问题	应对变革及其影响
发号施令并保持一致	引领变革和进步
计划和预算	设立愿景和制定战略
组织结构和员工配置	协调具有共同愿景或目标的人
解决问题	提前发现问题并从源头根除问题
经济和效率	效能
保持正确的路径	开辟新路径

来 源：J. McGrath，*Leading in a Managerialist Paradigm: A Survey of perceptions within a Faculty of Education*，doctoral thesis，University of Birmingham, 2004.

你该做什么

- 凭记忆列出上一周你做过的事情，包括会议、与员工的互动，无论是日常性的还是一次性的工作都列出来。
- 分析你曾负责的事情，并将其总结在一个小标题之下，如指导员工、解决问题等。计算你在每项负责的事情上所花费的时间。
- 用表 1—1 将每项事物归类到经理列或领导列之下。如果你的大部分工作被归为经理类，请不要担心。
- 运用你的新知识将思维从经理人转变为领导者。例如，不去解决某些具体问题，而是考虑如果这些属于某一普遍性问题，要从源头加以根除（请参见问题 20）。
- 提升眼界。培养管理大师查尔斯·汉迪（Charles Handy）所称的直升机式的方法。从你的专业和部门的关注点入手进行提升，以组织的观点思考问题——选择最有利于整个组织利益的解决方案。如果你能“顾全大局”，这自然会让你成为高管的候选人。
- 继续应对日常问题（请参见问题 17），但也要花时间考虑你的团队所面临的未来威胁和机会，做到未雨绸缪。
- 不要再强调过程，而是专注于通过给员工提供一点激励从而改善成果。要记住，行动胜于雄辩，所以要以身作则。
- 每 8 周重复一次自我审视，直到你在管理与领导之间达到了满意的平衡。
- 要记住，你的职位越高，在管理运营的同时，你就越应该展现更多的领导力。

问一问自己

- 我想要成为一名领导者吗？或者我满足于作为一名经理人吗？
- 我需要学习更多的领导力并培养我的领导技能吗？

问题3　我具有什么权力？能如何运用权力

为什么重要:管理并非易事。要想成功，你必须运用自己能使用的一切工具。权力和权威是其中颇为有效的两个工具——如果运用得当的话。

马克斯·韦伯（Max Weber）、查尔斯·汉迪（Charles Handy）、约翰·弗伦奇（John French）以及柏崔姆·瑞文（Bertram Raven）将其中的权力/权威划分为了七种类型。

权力的七种来源
传统型权威是由一代传给另一代的。尽管这在世家/贵族家庭很明显，但在精英群体内部也是存在的。
合法—合理型权威给予任职者行驶其职位所具有的所有权力，以期人们遵守他们的指令。
魅力型权力或个人魅力是一种与生俱来的个人特质，它能够因个性、信仰以及/或者行动而对人们产生吸引力。
奖赏型权力的建立基于领导者给予或拒绝给予物质/非物质奖励的能力。

权力的七种来源
强制型权力的建立基于领导者能够对其追随者加以制裁或惩罚的能力。
专家型权力在经理人和员工的身上都有可能存在，它是由于某人因其工作某一具体方面公认的专长而具有的权威。
否定型权力是经理人和员工都能运用的，它是在工作中能够起到破坏作用，能够扰乱、妨碍或终止正在运行的事情的能力。

尽量多地发展并运用权力来源，这一点很重要，因为正如棋子一样，当你把两个或更多的资源/棋子组合起来的时候，就会产生协同效应：2+2=5。

你该做什么

- 许多经理人在下达指令时会觉得不舒服，需克服这种不适感。权威是一种至关重要的管理工具，所以要善于运用它。
- 仔细研究上面提及的七种权力来源，并利用表1—2来记录你目前所用权力的程度。

表1—2　运用权力程度评估表

程度	传统型	合法型	魅力型	奖赏型	强制型	专家型	否定型
无							
部分							
很多							

- 确认你所拥有的任何传统或职位权威的极限。当你下达一项指令时，要希望别人服从指令，而不要让任何人忽视你的指令。
- 确定你所能提供的物质或非物质奖励。找出能够激励每个员工的因素，并加以利用，给予最适当的激励（请参见问题 21）。
- 确定你实际上拥有的强制权力程度。你能干扰、推迟某人的特权，或者降低其特权级别，再或者将其特权收回吗？但要记住，强制型行为会招致怨恨，应谨慎使用。
- 确定你所拥有的专家型权力，并加以运用。如果你所具备的此类权力微乎其微或根本没有，那么就在某一对组织有用的方面培养一种专业特长。
- 不要认为自己毫无魅力型权力。正如情人眼里出西施一样，魅力也是一种主观感受。诚信行事，希望员工做到的行为自己首先要以身作则，为人处世要公平诚实，那么人们对你的看法会让你感到惊喜的。
- 使用否定型权力时要慎之又慎。它或许会奏效，但如果你妨碍或阻挠了某人想获得青睐的积极性，那或许是要付出代价的。记住，员工也能对你行使否定型权力。
- 按上述建议加以实施，然后在大约 8 周后把表 1—2 重填一遍，看看自己取得了多大的进步。

问一问自己

- 我下达指令时会有顾虑吗？如果有，为什么？

- 我能做什么来消除这些顾虑？我需要进行自信训练吗？

问题 4　我如何能更智慧、更高效地工作

为什么重要：所有经理人都缺少的一样东西便是时间。为了变得更加高效，你就要提防时间窃贼。

如果你想要成为大有前途的经理人，那么你就必须出类拔萃。做到这一点的方法之一就是达到超出人们预期的结果。史蒂芬·柯维（Stephen Covey）的时间管理矩阵会帮你挤出时间，用于处理更重要的事务。

柯维将经理人所做的事务分成了四类
紧急且重要的。突然发生的危机事件，高层下达的命令，截止期限紧迫的需求。
不紧急却重要的。如果完成能够节省你未来的时间，此类工作要从源头根除问题，而不是不断地处理问题的表征。
不紧急且不重要的。由社交性的电话、拜访和电子邮件造成的中断，它们不会影响你或你的团队。
紧急却不重要的。其他人的紧急事件，而他们想要将其转嫁给你的紧急事件。

来源：经富兰克林·柯维（Franklin Covey）授权，由西蒙舒斯特公司 (Simon & Schuster) 出版的《高效能人士的七个习惯》（*The Seven*

Habits of Highly Effective People）。

如果你具备所需的自律和自信，那么你便可以用柯维的时间管理矩阵节省时间了，将节省的时间投入到能提高你的生产率并让你得到关注的项目中。

你该做什么

- 抛开你的“代办事宜”清单。
- 记录一周当中你是如何分配时间的。周末时，用柯维的时间管理矩阵分析自己的活动。
- 紧急且重要的事情也许是你目前应该花费大量时间处理的。这些事情需要快速处理，因为在很多情况下它们会帮你达成目标。
- 压在你抽屉里的事情不紧急却是重要的。要解决这些问题，请效仿我在45年职业生涯中见过的最优秀的经理人的做法。他会在每天早上6点钟到达公司。9点以前很少打电话或接电话。他利用这段安静的时间处理那些重要却非紧急的事务。早上工作要比晚上更有效率，因为这时你更清醒，而且这时周围打扰你的人也更少。如果你能遵循这一做法，事先投入一点时间，那么你就会减少不得不处理的紧急问题的数量，因为你已经在源头上清除了问题（请参见问题20）。
- 至于不紧急又不重要的事情，首先不要让它们放到你的桌子上，向带问题来找你的人解释他们需要去找某某人。如果他们突破了你的“防火墙’，那么不去管这件事，或在需要行动时将其分派下去。

- 紧急却不重要的事情都是关于其他人的。不要让其他人（除非是你老板）把他们的问题转嫁给你。和同事要融洽相处，但不要把他们的工作当成你优先处理的事情。要果敢自信，不要让别人偷走你的时间。

问一问自己

- 我的代办事宜中哪些是不紧急却重要的工作，它们能节省大量时间或解决最反复出现的问题?
- 哪些事项是我应该在其源头就转交给其他员工的呢?

问题 5　我可以依靠直觉吗

为什么重要：你对工作所知的80%来自于你的隐性知识。

过去三十年中，人们对管理的科学方法非常重视，这令很多人不敢依靠直觉做出决策。他们试图用各种定量方法来衡量每个问题。实际上这是对管理的一种误解（请参见问题 75）。

弗里德里希·冯·哈耶克（Friedrich von Hayek）因其在自由市场经济学方面的成就获得了诺贝尔经济学奖。他支持自由市场的原因之一是，获得权力下放的员工发现，要把自己所了解的当地情况、问题和机会汇报给管理中心几乎是不可能的。因为他们所知道的情况中有很大一部分属于隐性知识，或约翰·阿代尔所称的深层知识。这种知识存在于他们的潜意识中，却在自己都没有意识到的情况下，影响着他们每一天的思想和行动。

工作中，这种隐性知识的例子比比皆是。例如，当一位新晋经理人对如何重构一项流程提出了一番完全合理的建议时，那些参与其中的人却凭直觉感到建议是行不通的，至于究竟为什么他们自己也解释不清。

所以，对于“我是否能依靠直觉”这个问题的答案是肯定的。

你该做什么

- 要记住，储存信息是隐性知识的关键。
- 利用每个机会来收集有关你组织的员工、经理人、供应商以及组织外利益相关方的信息。
- 工作时多走动走动，同每个人都聊一聊，上至公司总裁，下至保洁人员（有个保洁人员曾提前告诉我一次董事会的内容，她说那次会议是关于公司的销售额在未来六个月预计下滑情况的汇报。因为那天早上她见到了销售经理桌子上的收益报表）。
- 利用会议和会议前后的闲聊机会，让自己了解更多情况。

- 通过在会议上的观察来了解出席会议的人，包括他们的态度、信仰、动机和与同事之间的关系。
- 阅读媒体或网络上有关你组织的所有报道。
- 当你看电视、读书看报、和朋友聊天或上网时，留意零零散散的信息和观点。任何让你感兴趣、对你的工作或许会有用的东西，都值得储存起来。我们的潜意识能够利用这些差别迥异且互不相干的零散数据，经过合成加工，从而形成新的观点和理论。
- 始终关注你可以借鉴采纳的其他组织的聪明点子，并用于你自己的组织。
- 如果你能坚持写反思日记，那么记下任何感兴趣的评价、事件、趋势、问题、机会、威胁或八卦（如果能解释某人的态度/立场，甚至知道谁与谁有染，也是有用的）。
- 上述所有信息都会在你的潜意识中沉积下来，在你的大脑中形成关联和联系，从而丰富你的隐性知识。当你遇到问题时，这种知识就会再次冒出来为你提供一个答案。

问一问自己

- 我能确定当我遇到问题之时就是知道正确的行动方案之时吗？
- 在收集和利用有关我的组织及其内部人员信息方面，我做得如何？

问题 6 我如何能更好地接受负面的反馈意见

为什么重要：没有人喜欢被批评，但是我们只有通过聆听批评，按照批评的意见去做，才能有所提高。

你应该自始至终维护自己的利益，尤其是当你受到不当的批评或指责的时候。尽管如此，你还必须学会接受和利用负面反馈。这是为什么呢？原因很简单，那是因为我们的性格中有着自己并不了解的一面。心理学家约瑟夫 · 勒夫特（Joseph Luft）和哈里 · 英格拉姆（Harry Ingram）认为每个人的性格都有四个部分，而其中两个部分的内容是其他人所不知的。他们的约哈里窗户模型（Johari Windows）包含了大小不同的四个象限，如图 1—1 所示。窗户的不同大小意在表示每个象限所含有的不同信息量。

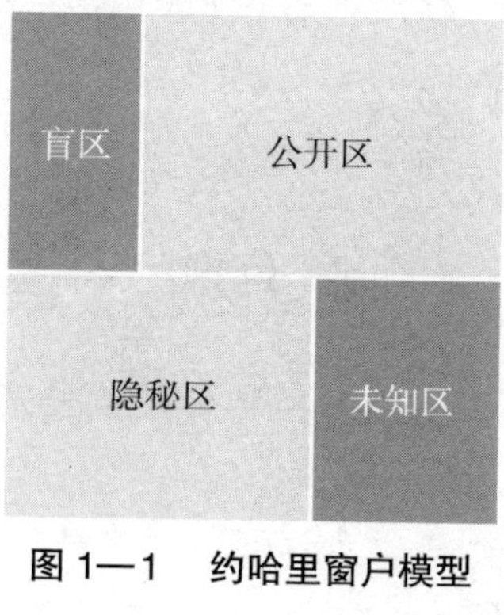

图 1—1 约哈里窗户模型

- 公开区：自己知道别人也知道的方面。
- 隐秘区：自己知道而别人不知道的方面。
- 盲区：别人知道而自己却不知道的方面。
- 未知区：自己和别人都不知道的方面。

良好的反馈会帮助你发现并应对那些存在于你盲区中的性格方面。哎，也许你永远也不会知道存在于未知区当中的性格。

你该做什么

- 如果反馈是在观察了某一活动之后而给出的，那么要事先找出评价人将要用什么标准来评价你的表现。如果没有标准，那么想一想你会用什么标准。在准备接受评价的时候，记住这些标准。
- 要坚持在私下接受反馈，并给出足够的时间。
- 把评价者所说的内容记录下来。
- 要记住，给出反馈的评价者不是在批评你，而是在批评你的行为。你的行为并不是你，所以不要把所反馈的一切都当成是针对个人的。
- 摆脱你的竞争倾向，什么都不要说。不要想着等他说完了我要说什么，只管聆听他所说的话。
- 不要变得情绪化，或者用情绪感染对方以让其理解你的处境，而是要专注于他们所说的话。
- 不要试图转换话题或者为你的行为指责其他人。
- 不要因为觉得评价者不喜欢你或故意要找你的茬而对其所说的话置若罔闻。
- 不要对任何你不明白或想要解释的事情发问。

- 如果可以的话，24 小时内不要去想这些反馈。之后再坐下来，回顾你的记录或回忆反馈者所说的话。
- 你在分析时不要夹杂情绪。找出评价者的关键点。考虑一下，对于这些问题，你是否曾采取不同的处理方法，情况又会如何。
- 如果有时间的话，在你的反思日记中记录下来这些体会，在遇到类似问题时就可参考那些信息。

问一问自己

- 有哪些问题一旦提出可能会让我作出消极反应?
- 通常我对负面的反馈都是如何反应的? 这样有效或合适吗?

问题 7　我所做的事中哪些最能提升价值

为什么重要：评价经理人要看其业绩，以及他对组织的业绩所产生的直接或间接的影响。

就经理人需要优先处理的事情而言，有的组织做出了清晰的规定，有的则没有。本问题针对的是那些从董事会或老板那里得到的指令有限的经理人。

如果你正在把产品或服务销售给一个外部客户，那么你会清楚地找出哪些产品对业绩的贡献最大。如果你的客户是组织内部的其他部门，而你并不是交易中心（请参见问题 68），那就难多了。

经理人也是人，他们都有偏颇好恶，因此在他们考虑哪些事情能带来最大价值时，其观点难免会掺杂着个人喜好。为避免偏见，你要与内部客户和老板交流，收集信息看看他们认为哪些活动对价值的提升最有益。

一旦收集好数据之后，便使用帕累托法则（Pareto）找出产生你整个产出 80% 比例的那 20% 的产出。帕累托法则，又叫做“重要的占少数，不重要的占多数”原则，是由经济学家维弗雷多 · 帕累托（Vilfredo Pareto）提出的。80 多年来，该理论已被应用于各种情况。例如，组织利润中的 80% 是由 20% 的产品获得的，而组织收益的 80% 则来自其 20% 的客户。

知晓帕累托法则并不会解决你的问题，但是结合使用你收集到的其他数据，它使能让你发现哪些任务带来了最大的价值。

你该做什么

- 确定在过去一个月你和你的团队的产出。这些成果可能是销售给顾客的产品或提交给管理层的报告。不论是哪种形式，它们都是产出。
- 收集财务和非财务数据，来评价你的产出价值。有些产出对财务的影响可能微乎其微，但并不意味着它们对决策制定或规划的间接影响就该被削弱（请参见问题 75）。

- 如果一个产品或服务是对外销售的，那么你应该会发现，通过和你的销售经理或会计交谈，来发现该产品或服务对业绩有多大的贡献，是相当容易的。
- 如果一个产品或服务是对内“销售”的，那么要找出该产品或服务的接受者对其的看法。最好的做法是和内部客户们交谈，问问他们：“你用它做什么？”“它有多好用？”“产品符合你的要求吗？”“怎样改进它？”你所寻找的是，对促进经济、提升效率、提高有效性（请参见问题 65）或增加利润方面，对组织影响最大的产品或服务。
- 如果你的所有产出都能用钱加以衡量，那么分级就简单多了，价值最高的产出可以很快被确定。但是，如果你依据的是非财务数据，那么用你从内部客户或老板那里收集的定性信息，对你的每件产出用 1（低）、2（中）、3（高）、4（很高）和 5（不可或缺）进行打分。
- 利用分数表来确定能产生 80% 价值的 20% 产出。
- 这 20% 的产品或服务正是你需要保护的。它们是你的优先产出——无论你做什么，都不要让它们的生产标准下降或出现延误。

问一问自己

- 谁是我的客户？

- 我对客户的需求了解多少?

问题 8 我如何能成功搞定我的老板

为什么重要：你在任何一个组织的成功在很大程度上取决你和老板的关系。

你和老板的关系对你的成功和职业前景至关重要。良好的关系可以为双方非常有效和愉快的合作奠定基础。而关系不好则意味着你会与某人陷入冷战——或者有时是争吵，而这个人的权力比你大，而且总是会赢。

搞定你的老板并不是控制他，而是在信任、需求和尊重的基础上建立一种互惠互利的关系。你会发现我在这里并没有包括友谊或喜爱。如果的确存在这些情感，那很好，但你和老板的关系主要是一种职业关系。

你的目的是在老板那里积累一定的好感和影响力，以备不时之需。

你该做什么

- 为了搞定你的老板，你要知道他们的做事方式，他们喜欢什么、不喜欢什么、重视什么，然后你才能相应调整你的方法。

- 不要独占老板的时间。他们并不只管理你一人，让会议简短而有效。如果你需要发给他们一份 30 页的报告，那么将要点总结成一两页的内容。永远不要只给他们提供原始数据。对数据加以分析和评估，并将结果作为有用的信息进行汇报。
- 你老板的麻烦已经够多的了——不要成为给他们制造了 80% 问题的那 20% 员工，不要再给他们平添麻烦了（请参见问题 7）。
- 良好的关系是建立在信任基础之上的。你的经理必须能在你说“我会在周一前搞定”时信任你，并信任你的工作质量——尤其是当他们还要签核时。
- 老板们的麻烦已经够多的了，所以当你带着一个问题去找他们时，要准备好一系列的解决方案以及(或者)部分解决方案。
- 始终要表现出忠诚。不要对员工或其他经理指责你的老板。如果你这样做了，会有人传话给他们的，因为这对传话人有利。始终要坦诚，永远不要误导他们或对他们说谎。
- 不要当众反对老板。如果你对一个问题有顾虑，在私下提出。你常常会发现，他们的决定受到了你并未意识到的信息的影响。
- 成为对老板来说不可或缺的人。找到他们不喜欢做的或缺乏专业技能的工作，在这些方面提供专业支持（请参见问题 3）。
- 依照上述行事，你就会和你的老板在相互信任和职业尊敬的基础上建立一种职业关系。在此理想的基础之上，你可以和老板商榷你该做什么、你的目标是什么，以及轻重缓急如何（请参见问题29），从而避免老板将他们的决定强加给你。

问一问自己

- 我具有或能培养什么样的专业知识，会让我的老板觉得有用?
- 我是否充分了解老板对我的期望?

问题9　我如何进行真正有效的展示

为什么重要：经理人越来越多地被要求给他们的员工和其他经理人做演讲。演讲也正成为许多工作面试的常见环节。

由于某些原因，想到要当众说话，许多经理人都会惶恐不安。我认识很多优秀的经理人，他们宁肯在一群海蜇中裸游，也不愿意做演讲。但如果有什么事是可以通过周全的计划来避免表现不佳的话，那么演讲便可算为一例。

准备充分，则任何演讲都易如反掌。为什么呢？这是因为演讲的核心是演讲者及其观点、信仰或看法。是演讲者决定着演讲的结构和内容，即便是有提问，也是演讲者决定着提问何时进行以及如何接受提问。经理人在一般日常工作中很少能进行这样的控制。

你该做什么

- 明确演讲的目标和意图，将它们写下来，便于在计划和准备的过程中不断地参看。
- 调查你的潜在观众：谁会到场、人数多少、他们对演讲的话题了解多少，等等。利用这一信息来决定将你的演讲定位在什么水平，但要始终谨记那条“傻瓜”原则（即保持简单和直接）。
- 你的演讲时间将决定演讲的结构和内容。避免过于细节化。演讲是概述要点，而不是对一件事情刨根究底。将细节内容放在你准备的分发材料中。
- 将你的演讲看成是一部三幕剧：在第一幕(介绍)中，做好铺垫，概述演讲的内容；第二幕是你演讲的主体部分；接着在第三幕（结论）中，为观众总结你已说过的内容。
- 永远不要以笑话作为演讲的开头。一旦冷场了，你会感觉很难受的。使用的任何笑话都应该是自然地来自于主题或与观众的互动。
- 在介绍环节，要说明你会在结尾接受提问。这样一来，你便可以控制留出提问的时间了。
- 如果可能的话，在一位观众面前练习你的演讲。如果你爱的人不想听，那就在镜子面前练习。一定要给自己计时。
- 不要超时。
- 表达清晰。不要口齿不清，但要对自己所说的话表现出热情。语速要比平时说话的语速降低 10%。要有抑扬顿挫，要充满兴趣，热情饱满。如果想要强调某一重点，那就在说完这点之后稍停顿一下。

- 人们厌倦了标准的 PPT 演讲。如果你要想让你的演讲生动有趣，那么你应该添加一些网上的图片或视频片段，或者使用实物，以增加演讲效果。例如，不要用普通得不能再普通的 PPT 页面，而可以使用一些小道具辅以装饰。
- 如果你需要具体设备，例如投影仪，要提前确定现场有该设备且好用。准备好后备方案，以应对设备失灵的情况发生。
- 永远不要照着文稿读。要么用便签作为备忘，或者更好的做法是用你的 PPT 页面或道具作为对自己要说的内容的提示。
- 要与观众保持目光接触，查看他们的身体语言和面部表情。如果他们在某一环节流露出不解或困惑的神情，要把你认为他们没明白的内容换种方式说一遍或者重复一遍。
- 最后，要感谢你的观众，并询问是否有提问。

问一问自己

- 演讲中的哪些方面是我擅长 / 不擅长的?
- 我会从对演讲的进一步培训中受益，还是应该自己摸索出更多的经验?

问题 10　我如何让会议更富有成效

为什么重要：如果你召开一次为时 1 小时的会议，有 6 名员工参加，那么就有 7 个小时的工作没做。你需要确定这样做是否值得。

会议是现代商务生活的祸首。我们都对会议抱怨不已，然而如果我们被排除在一次认为自己本应参加的会议之外，我们又会感到很恼火。你很有可能将不得不参加由同事或高级经理人主持的无数会议。而对这些会议如何管理，对此你无能为力——除了尽可能避免参加那些最糟糕的浪费时间的活动。但是，你可以对自己的会议做很多改进。

你该做什么

- 只有在绝对必要的情况下才开会。
- 避免周例会或月例会。它们往往会变成一种让人们觉得不得不参加的例行公事。
- 始终事先明确会议的目的，而且只请那些与议事日程相关或受其影响的人与会。
- 通知会议的起始时间。即使有些人未到场，也要准时开会，他们会很快得到信息。在你说过的会议终止时间停止会议。无一例外。人们会快速根据会议调整他们的事务，来配合这样的会议制度。
- 让议事日程简明扼要、重点突出，并规定每一项的讨论时间。即使需要深入讨论，也要严格遵守时限。讨论可以在下一次会议中继续（如果至关重要，那么下一次会议或许会在本次会议结束时立即召开）。你这样做的目的仍然是在给参会者传递一种信息，那就是必须要守时，无一例外。

- 亲自主持会议，不允许偏离会议议程，也不要让人提出新问题。告诉他们把这些新问题列入下次会议的议事日程。
- 不要记录会议纪要，而要保留一份会议期间已通过的行动要点。在会议结束后，立即给全部与会人员发一份电子邮件，列出行动要点，并且标明每一项行动的负责人和截止时间的具体信息。
- 监察所有行动要点的完成情况，对于不能按时完成的事项要追究个人责任（请参见问题 29）。
- 不要提供茶水或者咖啡，也永远不要提供饼干。这只能将会议的部分时间变成非正式的茶歇时间，转而去谈论足球、谈论谁的宠信会得到销售的新工作以及“你听说过设计部的某某人吗”？
- 如果你有勇气，可以考虑让你的所有会议都站着召开。你会对议程通过速度之快感到惊讶的。

问一问自己

- 目前我每月参加的常规会议有多少？
- 参加我会议的人是适合的人吗？我最后一次检查与会人员名单是什么时候？

问题 11　我如何让每个人都参与会议/在会议上献计献策

为什么重要：会议应该通过汇集与会者的知识，提高决策制定或改善成果。如果有人不张嘴说话，那么他们对会议就是毫无建树的。

我确信你曾参加过许多会议，期间与会者当中有很多人一言不发。这些人分为两类：第一类人对该会议丝毫不感兴趣，他们之所以参加只是出于习惯或因为被告知参加。他们将该会议当成是一处方便之所，来休息休息或者计划一下周末怎样同会计部的理查德或者克莱尔一起度过；第二类人很可能会对会议有所贡献，但由于缺乏自信或觉得难为情，在表达自己的看法或想法时觉得局促不安。

不管人们出于什么原因而沉默不语，你都需要解决这个问题。时间太宝贵了，既不能容许一名员工将其浪费在对他下一个休假日的遐想上，也不能允许腼腆阻碍了初级员工或一贯害羞的员工交流新点子。

你该做什么

- 实施问题 10 中所提出的建议。这样会让你的团队意识到你正在致力于提高会议的有效性。

- 找出对会议不感兴趣的人，同他聊聊。对他们说他们的时间和专长太宝贵了，不应该浪费在无意义的会议上，告诉他们以后不必再出席了。明确说明如果发生任何与他们的工作领域具体相关的事情，你会叫他们来的。
- 与那些你认为由于太腼腆或害羞而不在会上发言的人聊一聊。向他们解释从他们在团队中的角度/位置对问题提出的深入见解，是多么的独到和重要。这并不是假借安慰的名义而信口雌黄。往往是团队中最底层的成员对问题看得最清楚，因为他们处在第一线。
- 不要让更自信或资深的员工吓住了初级员工。明确说明你想听到每个人的看法。
- 会议期间让那些想表达观点的人畅所欲言，但要监控时间，并打断简短的题外话和冗长含糊的说明。一旦所有“自愿发言的人”都发过言了，就开始征求那些对问题什么都没有说过的人的意见。不要让他们感到尴尬。只要问“你对此怎么看？”或者“对于你说过的内容还有什么补充吗？”这样做几次，那么即使最害羞的人也会意识到，他们最好在讨论环节说说自己的观点，总好过等你在众目睽睽之下叫到他们。
- 会议结束后，花点时间和首先发言的人单独谈谈。感谢他们的贡献，并鼓励他们今后更多地主动发言。
- 不论什么时候有好点子被提出来，都要表示欢迎，并确保负责人得到称赞。

问一问自己

- 我在会议中是否说个没完没了而阻止了其他人发言？
- 会议的文化是什么？它是支持性的还是竞争性的？我需要改变它吗？

问题 12　我如何能有效地授权

为什么重要：你自己无法亲力亲为所有的事情。若想获得成效，你就必须授权。

许多经理人对授权大伤脑筋：他们不想被认为是将工作推到别人身上，这样会让那些人心生怨恨；有时他们并不信任自己的员工（请参见问题 1）会做好一份工作；有些人是不想交出对该工作的控制权；还有些人认为由他们自己来做这份工作会更快。

肯·布兰查德（Ken Blanchard）和保罗·赫塞（Paul Hersey）的情境领导理论为如何管理授权提供了良好的指导。他们建议当交给某人一份工作的时候，确定他们所需的指导和支持的程度至关重要。指导关乎于你给此人就如何做实际工作而提供多少引导——属于技术性的东西。支持关乎于你提供多少鼓励，例如，如果此人对自己能否胜任工作缺乏自信，你要为他提供他完成工作所需要的鼓励。

通过结合指导和支持的程度，出现了四种策略。

授权的四种方法
教练型。为那些你认为对于如何工作缺乏技术知识和自信的人，提供高指导和高支持。
指导型。为那些你认为具有自信但缺乏工作经验的人，提供高指导和低支持。
支持型。为那些你认为非常胜任工作却缺乏自信或对初次做某事而有所担心的人，提供高支持和低指导。
授权型。为那些你知道具有高度技术技能并有信心和把握的人，提供低支持和低指导。

你该做什么

- 你对员工了解和理解得越多，在选择适当的人授权每项工作的时候，你就会越有效（请参见问题 21）。
- 选择你认为最适合的人员去做这项工作。向他们说明需要做什么，并凭直觉判断一下他们会如何看待这份工作。提出诸如“你首先做什么？”或者“对我让你做的事情，你有什么担忧吗？”之类的问题。
- 基于你的讨论，选择你认为最适合的授权模式：教练型、指导型、支持型或者授权型。
- 设定完成该工作的截止时间，并规定工作需要达到的一系列标准（请参见问题 29）。
- 如果该工作需要较长时间才能完成，那么设定一次早期的审查会来检查进度。根据那次会议的结果，决定是否需要召开进一步的会议。

- 让此人放心如果他遇到问题，可以随时找你而不必等待安排会面。
- 不要误以为人们会在列出的四种方法中按直线式变动。每次在给某人安排新工作 / 任务的时候，都会因为他们之前没有做过，使你每次都要重新确定对他们使用哪种方法。
- 当然，如果你一开始就聘用了优秀的人才，很好地培训了他们，并且鼓励他们锻炼和挑战自己，那么授权就会变得更轻松些（请参见问题 16）。

问一问自己

- 我的授权充分吗？什么阻止我更多授权？
- 我是否总能向员工充分说明情况，并提供评估工作质量的标准？

问题 13　我如何制定更好的决策

为什么重要： 归根结底，你决策制定的质量会决定你作为经理人有多成功。

标准的决策制定方法涉及一个八阶段的过程，如图 1—2 所示。

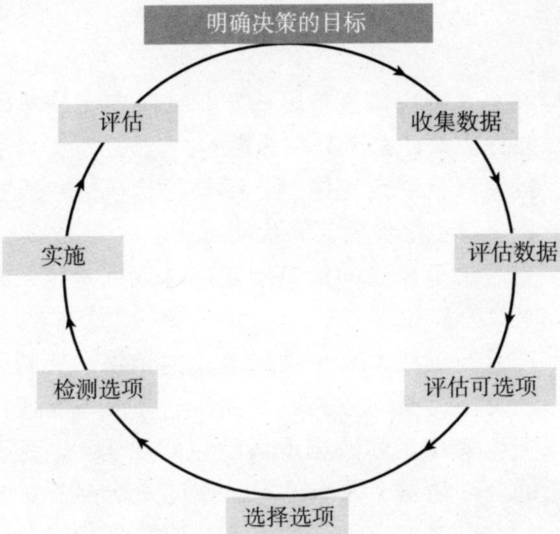

图 1—2　决策制定的标准方法

罗伯特·汤森德（Robert Townsend）是《在组织中不断提升》（*Up to Organization and Further UP the Organization*）的作者，也是艾维斯汽车租赁公司（Avis Cars）的前任总裁，他认为理解决策制定的关键要素很重要。

理解决策
决策应该尽可能地在组织的底层制定。
只有两种决策：一种是能够被快速制定的决策，因为它们成本低且易于改正；另一种只有在经过深思熟虑之后才能制定，因为它们成本高且不易于改正。
所有的决策都是基于不完整的数据而制定的。
优秀的经理人三分之一的决策是正确的，三分之一是错误的，另外的三分之一不论决策好坏，结果都是一样。

你该做什么

- 不要耽搁决策。推迟决策抑或不制定决策本身也是独立决策，都有其相应影响。
- 当你有权制定决策时，不要把自己的决策权向上转移，那将令你看起来优柔寡断。
- 要对基于最少的信息制定成本低且易改正的决策抱有信心。
- 推迟制定成本高且难以改正的错误，直到你具有充分但不完整的数据时再制定。你应该既使用定量数据也使用定性数据（请参见问题 75），还有你自己的隐性知识（请参见问题 5）。充分数据的构成包括什么，这取决于决策 / 项目的性质和你自己的风险类型。
- 在制定决策时，不要考虑已有的花费。这些钱是为了追求效果好而花掉的。只看未来的现金流。如果你已经在一个项目上花费了 400 万美元，若要完成该项目未来还需要再花 100 万美元，拿 100 万美元而不是 500 万美元（400 万美元 +100 万美元）和未来的现金流作比较。如果未来收益预期超过 100 万美元，那么你可以考虑继续，但是如果低于 100 万美元，那你就收手吧。永远不要想“我们应该从已经花费的 400 万美元中得到些回报”（请参见问题 69）。
- 在制定决策时，尽管你永远不会得到完整的数据，但你也应该依据现有的数据进行批判性思维。问一问是否受到以下因素的影响：错误的假设、主观臆测的想法、计算的错误、过于自信的预测（包括客户数量和现金流）或者对风险的低估。

- 一定要在决策后进行回顾。如果不做的话，你会失去一个发现你决策制定过程中的错误并改善今后绩效的大好时机。

问一问自己

- 我是什么风险类型？是喜欢冒险者，还是风险回避者？
- 我通常需要多少信息才能制定一个决策：可获得信息的 25%，50%，75% 还是 90%？

问题 14　我如何树立职业形象

为什么重要：实质应该总比形象更重要。但是在当今的世界中，人们常常只根据形象来判断（至少一开始是如此的）。

下面的建议专门针对那些立志成为经理人或那些初级经理人的人。

在当今的商务世界，如果你想获得晋升，只做好自己分内的工作是不够的，你还需要树立正确的职业形象。

我一直认为职业经理人分为三种类型，如图 1—3 所示。

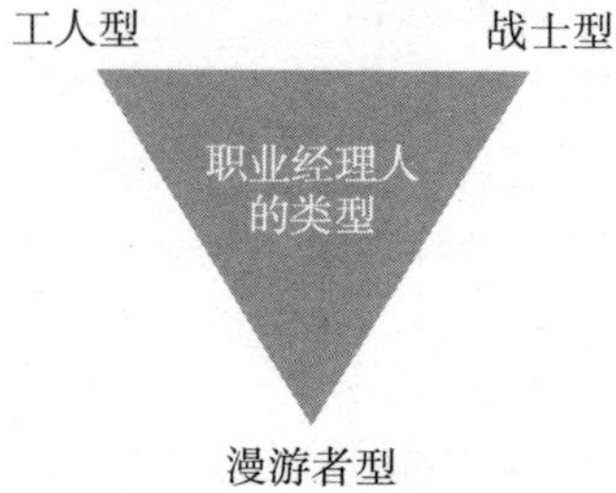

图 1—3　职业经理人的三种类型

- **工人型经理人**。不会特别为升职感到忧心，因为他们的真正兴趣在于工作之外。他们想做一份好工作，然后回家尽情享受——无论是业余戏剧表演，还是山地漫步。这些人是每个组织的中流砥柱，应该受到重视。
- **战士型经理人**。工作努力，雄心勃勃，他们知道自己要对世人展示出一种职业形象。这些人是每个企业的未来，需要扶持。
- **漫游者型经理人**。只对自己的事业晋升感兴趣。他们所做的每一个决策都是基于“什么对我最有利”。他们热衷改变，因为这会令他们的简历更吸引人，但他们在改变的全部结果显现之前就会离开。他们像好莱坞明星一样在意自己的形象。这些人会照顾好自己。

需要在努力工作和呈现适当的职业形象之间获取平衡的是战士，如果他们想避免被当成工人的话。

你该做什么

- 要记住，第一印象很重要，因此你的形象和你如何展示自我不容小觑。
- 遵守你所在组织的着装要求，确保服装非常适合你，而且在工作时穿着舒适。
- 问问你的朋友或搭档，你是否有什么让人烦的习惯，然后彻底改掉。例如，你是否每句话都用“好的”或“之类”结尾，或者你是否咀嚼自己的头发?
- 始终表现得自信满满，但不要盛气凌人——尤其是在害怕的时候。讲话时，要抬头挺胸地站立，保持微笑，并正视对方的眼睛。
- 提高你的沟通技巧。人们会根据你如何说话和你的书面表达来对你进行评价。让你的沟通简洁明了，清清楚楚。不要加入那些不管说什么都官腔十足的呆子行列，例如，说什么“让我们对此开诚布公吧。”
- 工作的质量要高。永远不要满足于只是“还行”。我们都有不顺的时候，但是要努力让工作至少达到最佳状态的 80%。
- 人们希望会计师、律师、医生等专业人士把他们客户的利益放在自己的利益之上。你的客户就是组织，所以要见机行事。
- 要建立诚实正直的声誉（请参见问题 15）。好声誉一旦建立，要保护、提高和维护它。
- 找出你公司内部的某些人，他们是你愿意模仿的、可以当做行为榜样的人。不要担心偷学他们的点子。但是要记住，正如每个超级乐队都会复制他们的偶像一样，他们必须在成名之前找到自己的风格。你也需要这样做。

问一问自己

- 别人怎样看待我？我如何能发现他们是怎么想的？
- 组织里的哪个人是我可以效仿的？

问题 15　我如何管理自己的职业生涯，并为晋升做好准备

为什么重要：如果你想获得成功，光做好自己的工作是不够的——你还需要管理你的职业生涯。

多年前，有人曾对哈佛大学的毕业生进行了一次长达 25 年的跟踪调查。调查发现，就经济状况而言，当初在校时就对职业生涯有所规划的人要比那些没有规划的人更成功。有些人认为这说明规划带来更好的结果。然而，也有人认为规划者所表现出来的战略思维能力才是他们成功的真正原因。无论怎样，在我看来，很明显，如果你知道你的前进方向，你就越有可能到达那里——尤其是如果你有一张地图作引导。

但是具有整体战略规划还不够。你还需要一系列原则，以便日常指导你的职业生活。我已在下文列出了一些建议，但每

位经理人都应该花时间找出能管理自己职业生活的原则。

你该做什么

- 为你的职业生涯起草一份战略规划，明确五年期的奋斗目标（请参见问题29），并列出你的一生的奋斗目标。
- 你是自己最宝贵的资产（除非老妈或老爸给你留了一笔财产），所以要对自己投资。获取你工作需要的任何行业或职业资质，然后再提高一级。这也许包括攻读文学硕士、理科硕士，或者更高水准的职业资质。你的目的是，在自己的组织内部及更广阔的行业中与人竞争时，能够获得一份竞争优势。
- 努力在专家少且要求高的工作领域成为专家（请参见问题3）。但是，不要沦为组织的研究员。你仍需要证明你能超越自己的专业知识，从组织范围的视角看待问题和机遇（请参见问题2）。
- 尽可能了解有关自己的一切以及其他人对你的看法（请参见问题6）。你对自己了解得越多——什么让你兴奋、什么让你恼火、你在某些情况下会如何反应——就越能培养出更多对自己的控制力。这一点很重要，因为员工和其他经理人会很快发现你的弱点，如果你听之任之的话，他们会对此加以利用。
- 提高你的生产率，找时间做一些能够让你受到关注的工作（请参见问题20），确保你很好地利用了关于时间管理的建议（请参见问题4）。

- 学会管理你的老板（请参见问题 8），让你老板的老板们认识你。以便当你老板离职的时候，可以决定你是否能接替他 / 她的位置。
- 曾几何时，人们根据一个人如何说话来评判他和给他归类。在今天，口音也许不那么重要了，但是言辞和书写清晰明了的能力仍然至关重要。如果你在这些方面弱，你就需要就此做些努力了。你能找到很多相关的书籍和课程加以学习。
- 演讲需要某种特殊的语言和文字表达（用于幻灯片和分发材料）形式。如果你想给员工和经理人留下深刻印象，就必须掌握演讲这门艺术（请参见问题 9）。如果高级经理人们在场，你要把每一次演讲作为一个良机，给他们留下些好印象，以为将来有可能由他们进行的面试而提前做好准备。
- 要因为你和你团队的所作所为而让整个组织知道你们（请参见问题 25）。要树立一种做事或做事方法与其他经理与众不同的形象。即使是像根据问题 10 和 11中提到的建议那样去开会的小事，也会让人们开始谈论你。
- 要塑造一种正直的职业形象（请参见问题 14）。人们追随那些他们信任的人。如果通过你的行为，让他们感受到你尊重他们，对他们一视同仁，公正平等，而且你永远不会为了自己的利益而利用他们或盗用他们的创意，你很快就会建立起正直的声誉。
- 要培养组织内外的人际关系。利用专业机构、培训、社交活动和与客户及供应商之间的会晤，扩展至少愿意“接你电话”的人际圈子。

- 要保持竞赛状态。即使你并不打算跳槽，每年也要至少参加一次面试。一年两次更好。定期的面试会让你了解到，你所掌握的技能的市场状况如何，以及其他公司提供什么职位，从而帮你找出自己需要提升的知识或技能。
- 避免殚精竭虑。要努力工作，但不要时时刻刻不是在工作就是在想着工作。学会享受天伦之乐和友情之愉。做点自己喜欢的而不是枯燥乏味的事，以保持身心健康。经常阅读无疑是摆脱工作之忧的最佳方法。培养工作以外的兴趣。换句话说，试着过一种平衡的生活。

问一问自己

- 作为一个有趣的谈话对象，我能达到什么程度？我是否只有一个话题——工作？
- 从自己的职业生涯中，我最想获得的三样东西是什么？

管理的艺术 → LITTLE BOOK OF BIG MANAGEMENT QUESTIONS

相信自己——因为如果连你都不相信自己，其他人为什么应该相信你？

你最宝贵的资产就是自己。对你自己的专业、社会和文化发展投资。

永远不要就情势的现实状况而欺骗自己。尽管你可能鼓励他人相信感知即现实，但你自己必须始终牢记唯有真实才是现实。

适当的时间管理是提高生产率的唯一方法。

避免表征管理。如果你只是处理表征，你将永远不会彻底消除问题。

乐于接受新创意，勇于承认自己可能犯错。

LITTLE BOOK OF BIG MANAGEMENT QUESTIONS:

第二部分
管理他人

临之以庄，则敬；

孝慈，则忠；

举善而教不能，则劝。

孔子，《论语》

经理人的主要任务是通过别人的行动来实现结果。然而，有相当多的经理人却忘记了这一点，觉得必须由他们自己来完成大部分工作。还有些经理人不信任自己的员工（请参见问题 1），只是把简单枯燥的工作授权给他们。这正是造成业绩不良、员工士气低落、经理人自己（最终）精神崩溃的原因所在。

彼得·德鲁克被很多人视为是自从有管理学研究以来的唯一一位真正的天才，他认为经理人的角色是：

- 组织员工；
- 设定目标；
- 激励员工；
- 根据目标监控结果，并在需要时采取纠正措施；
- 提升员工，包括经理人自己。

上述内容根本没有提及经理人必须做全部甚至大部分工作。你是通过有效管理而增加价值的，所以要学会授权（请参见问题 12）。

作为一名经理人，你对员工了解得越多，你就会越有效。你也会发现通过适当的方法，将适当的工作授权给适当的人会更容易。所以，要善于发现他们的志向、兴趣和背景。

尊重你的员工，会加强你和他们的关系。无需是虔诚的宗教信徒，你也会意识到黄金法则所蕴涵的道理：“己所不欲，勿施于人”，或者把它翻译成管理术语：“对待别人就像你希望别人如何对待你一样。”

如果你能对员工表现出真正的喜爱，并且尊重他们，那么你距离成为有效的经理人已经不远了。

问题 16　我如何能在招聘中撞到好运，不断挑选到适合的人员

为什么重要：任何组织中的人都是组织的最大资产。但是，如果挑到了错误的人员，他们可能会成为成本高昂的负债。

作为经理人，你的成功在很大程度上取决于为你工作的人的质量。优秀的员工能让一名普通的经理人看起来卓越超群，而差劲的员工会让一位出类拔萃的经理人显得平庸无为。

然而，尽管动用了心理测试、面试、基于工作的模拟展示、笔记学，甚至是星相学等种种方法，人员的选拔却仍然要听天由命。面试官或面试小组的面试通常会在最初的两分钟内对受试者做出评判。我觉得这和当年祖先们的做法如出一辙，他们在丛林清理中碰到陌生人时，20 秒钟的时间就能决定对方是敌是友。为了克服这一倾向，请尝试下列方法。

你该做什么

原则

- 只要可能，就从内部提拔。有太多的经理人认为外来的和尚好念经，其实并非如此。每个组织都既有傻瓜也有天才。有时，同一个人会兼具两种特质！
- 在可能的情况下，任命那些已经证明他们能完成业绩的人。他们：

  * 具有个人荣誉感，不想让自己失望，会暗示你；
  * 上进心强、充满热情，并且值得信任；
  * 具有全局观；
  * 具有良好的判断力，因为这点很难得，它是制定好决策的基础。

- 如果你不得不从组织外面招聘，那么你所挑选的人应该以自己的工作为荣、机智聪颖、充满热情、饶有趣味，而且有优秀的过往业绩证明。
- 如果你要让应聘者做演讲或参与模拟演示，要确保对内部应聘者没有任何内在偏见。

具体细节

- 清楚地知晓你需要求职者身上所具有的技能和特点，确保在面试开始前，面试小组就此达成一致。
- 和应聘者建立一种友好关系。
- 不要说得过多，让应聘者来说。
- 避免诱导性问题和封闭式问题。
- 既问一般性问题，也问具体问题，寻找进一步的信息。
- 寻找能证明此人自我介绍以及自称之前取过的成绩

的证据。

- 弄明白不清楚的问题，例如，问“你的意思是……”
- 不要担心沉默。沉默通常表明应聘者觉得问题不好回答。通过他们如何应对，正好观察他们的表现。他们是否惊慌失措，还是能随机应变，给出一个即便不完满但比较合理的回答呢？
- 鼓励应聘者提问。这能反映出他们对面试做了多少准备。
- 永远不要根据一个人的潜力来选人，而要根据他的实际能力来选择。潜力未尽的人比比皆是。就拿我来说吧：我本来可以为西布罗姆维奇足球俱乐部（West Bromwich Albion）踢球的（如果我能有那才能的话）。

问一问自己

- 我在多大程度上信赖第一印象？我愿意让日后的证据推翻我的第一印象吗？
- 对于应聘者所说的话，我会轻易接受吗？

问题 17　我对自己员工的日常工作应该了解多少

为什么重要： 员工们希望你能欣赏他们所做的工作。做不到这一点，你就会失去公信力，并发现员工们都不愿意带着问题来找你。

有一个问题常常困扰着新任经理人——要想成为有效的经理人，你就得能做每个向你汇报的下属的工作。这一荒诞的说法就像吸血鬼德古拉（Dracula）一样难以消除。曾几何时，人们都被期望能从底层做起，一点一点晋升到高层。任何一个有理性的人花点时间考虑一下现代工作环境的复杂性，都会立即意识到，让任何人精通一个部门中的每份工作是不可能的，更何况是整个组织的。

但是，这并不意味着不了解员工的工作和不体谅他们所面临的困难，就能够让你获得认可。如果你想睿智地回应他们的询问，理解他们在工作中所承受的压力，并且在他们当中具有一定的公信力，那么了解这些就是至关重要的。不错，员工们认为，如果你不理解他们所做的工作，你又怎么可能理解他们及其所面临的问题呢？

你该做什么

- 根据你所管理的员工人数，找时间和每个人单独坐一坐，或者选些代表，和他们谈一谈。不要把这安排在你的办公室。去他们工作的地方，让他们和你说一说他们所做的工作，以及他们所面临的问题。
- 切身体会他们工作的环境。那是一个电话铃声大作、干扰不断、乱糟糟的地方，还是一个宁静的避风港？
- 和每个所选的人呆上约 1 个小时的时间。
- 利用走动式管理（MBWA: management by walking

about）来保持联络，建立关系和增强了解（请参见问题 48）。

- 当员工带着问题来找你的时候，让他们尽可能地详细说明。如果必要的话，问些问题来搞清楚他们所说的内容。
- 当他们说完时，问问他们觉得应该怎样做。他们对这个问题或许会有不止一种解决方案。那么，再次聆听，提出问题，并评价每个解决方案。
- 总结问题及可能的解决方案，确认你对情况的理解是正确的。
- 根据你对他们工作已了解的情况，和你已经听到的内容，选择看起来最佳的解决方案。用这样的说法“从你所说的来看，很显然你对这个问题处理得很好，我和你一样也觉得 ×× 看起来是最佳的解决方案。”认可他们在决策制定过程中的参与部分，不仅会激励他们，也会提高他们的自信心。
- 如果你对这个人缺乏信任或信心，那么你需要在制定最终决策之前，先和其他几名员工确认该问题的性质以及可能的解决方案。

问一问自己

- 我首先需要理解的是哪些基本功能 / 工作？
- 哪些员工需要从我这里获得最多的支持？

问题 18　我如何能提高团队的生产率

为什么重要：评价经理人要根据他们及其团队所取得的成效（生产率）。

评价经理人要看他们及其团队的生产率有多高。近年来，提高生产率的压力更大了，经理人眼看着自己的员工和资源被削减，却被要求做更多的工作，这一情况颇为普遍。为了达到生产率的最高水平，你和你的团队都得开足马力，奋勇直前。如果能达到这一点，那你就可以利用每个人的能力，从而形成一个良性循环。

你该做什么

自我改进

- 以身作则：
  * 展示出自己对工作的敬业、热忱和喜爱。这是具有感染力的，正如无精打采、疲惫不堪以及兴致索然也具有感染力一样。
  * 不要拖拖沓沓——员工会发现你的拖沓，并以此作为他们延迟行动的借口。提升自我控制能力，为自己设立目标，并努力实现目标。将工作分为轻重缓急，先处理那些最为重要的任务。
  * 保持工作环境的干净整洁。那样的话，你既不会在开

始工作之前想要打扫卫生、整理东西（我最喜欢的替代活动），也可以更快地找到东西。

* 如果你正在从事某项重要的工作或者需要精力高度集中的工作，可以先搬到另一个房间以免受干扰。
* 做好充分准备后再去工作。不要因为缺觉——或者更糟的情况——宿醉而半死不活地工作。

- 遵循问题 4 中就如何管理你的时间和如何将工作分为轻重缓急的建议，与员工分享这一知识。
- 在每天、每周和每月结束的时候，确定第二天、下一周和下个月要做的重要事宜（请参见问题 4）。
- 使用有效的授权来提高你的生产率（请参见问题 12）。

与他人合作

- 确保每个人都知道自己的责任和目标。设定最后的截止期限，并监控绩效（请参见问题 29），但不要过度管理。作为一名经理人，你应该对结果比过程更感兴趣。因此，要给予员工适当的自主权，来管理他们自己的工作。
- 要始终支持你的员工，但是当他们不能交差的时候，也要让他们承担责任。
- 鼓励、激励以及奖励你的员工，但要意识到仅仅是定期与他们谈话也会成为强有力的激励因素（请参见问题 21）。
- 看看通过提高团队精神从而带动生产率提升的方法（请参见问题 34）。
- 建立一种让人们喜欢且以此为荣的工作氛围。要当众认可员工的成绩，并在值得表扬时加以褒奖。

- 尽力为你的团队提供最好的工具，并训练他们如何充分利用这些工具。至少，要确保每个人都能使用他们能得到的所有工具，包括电脑和任何其他需要用的设备（请参见问题 19）。
- 少花点时间开会。让你开的会更富成效（请参见问题 10 和 11）。

问一问自己

- 我在自己的工作中是不是太舒服了？我是否已经停止挑战自己和我的员工了？
- 我团队的工作在哪方面受到的批评最多？对此我将如何处理？

问题 19　我如何利用员工培训和提升来提高绩效

为什么重要： 每个经理人都有责任提升员工和他们自己。

人们常常说一个组织的最大资产就是其员工。更准确地说，员工可能是组织的最大资产。有太多的组织不能适当地培训和提升他们的员工。众所周知，在困难时期，要削减的头两个方面就是广告和培训。

也许你觉得你已经拥有了训练有素的员工。但我敢打赌说，如果人们在使用电脑系统或者复杂的机器设备，那么他们只使用了其 20% 的时间用于工作。为什么我会如此确定？因为成年人会学习他们需要知道的东西，而忽略他们觉得多余的东西。一旦你的员工胜任了自己的工作，他们就不会再问系统对他们还有什么用了。实际上，他们正在浪费 80% 的系统能量。降低这一损耗，那么生产率自然就会提高的。

你该做什么

- 经理人常常不愿意对员工进行持续培训。这有可能是因为他们不想被某位初级员工抢了风头。如果你想让你的员工全心全意地参与培训，你就需要表现出你对培训的投入，并起到模范带头作用。另外，和你的员工一起参加培训，是逐渐了解他们并发现其才干的大好机会。
- 进行培训需要对每名员工加以分析。首先要记录下这名员工目前的技能水平，以此比较他将工作做到优异水准所需的技能和知识。两者之间的差距就是他需要填补的。
- 同这位员工一起制订一份填补差距的培训计划。培训计划也许不仅仅是和一位经验更加丰富的员工坐在一起，或者遵照某份内部培训计划，而是请日常工作所使用的系统或设备提供商提供更多的培训。
- 在这位员工参加任何培训之前，先和他商定你希望他所达到的一系列评估结果。
- 确保你团队的每份任务都至少需要两个人执行。

- 如果你遵循了问题 16 的建议，那么，你聘用的员工就会是雄心勃勃且充满热情的，他们对事业饶有兴致。不要遏制他们的雄心，要为他们实现自己的目标制定方案。这或许包括获得进一步的贸易或职业资质，或者提高他们的监管、管理、展示、技术、战略和分析方面的技能。
- 你或许不能从经济上或时间上支持他们进行培训，但是，你可以同意他们早走 30 分钟参加夜大或者请假复习和参加考试的请求。如果他们通过了考试，要当众祝贺他们。

问一问自己

- 我最后一次参加培训和提升课程是什么时候?
- 我是积极地支持员工参加培训，还是认为他们去上课会降低生产率?

问题 20　我如何能杜绝反复出现的问题

为什么重要：反复出现的问题既浪费时间又浪费金钱。从根源上杜绝它们，既节省时间，也节约资金。

问题分为一次性的和反复出现的两种。一次性的问题性质特殊，而且通常是由于个人错误造成的，或者是一系列罕见事件的综合结果。只要有人在，你就会遇到一次性的问题 / 错误。

然而，质量大师石川馨（Kaoru Ishikawa）曾提出一种方法，用于发现反复出现的问题的原因，这一方法对生产和服务部门的组织也同样适用。

石川馨的方法是画鱼骨图，如图 2—1 所示。鱼头部分用于记录问题。鱼骨部分是审查的主要过程。主干骨上分长出的小鱼骨，则是造成你正在调查的主要过程的子过程。确定造成问题的错误，这对审查每个子过程（小骨）来说非常必要，原因可能存在于任何一个地方，而且 / 或者可能是由多个子过程的问题共同造成的。

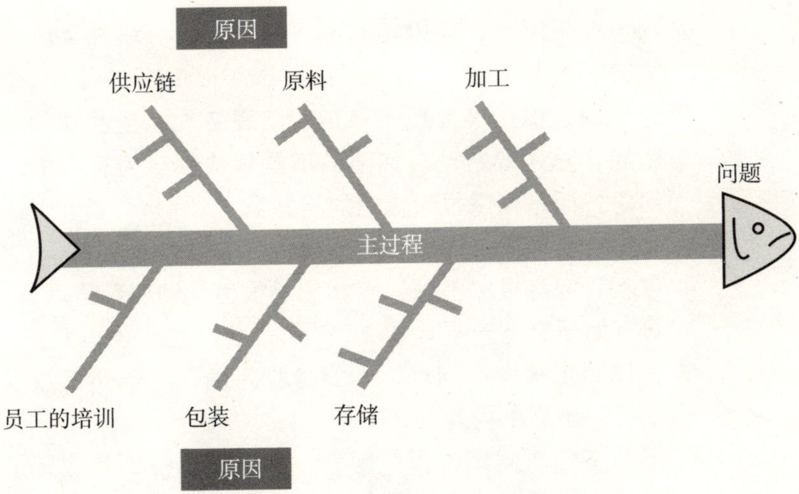

图 2—1　石川馨鱼骨图

来源：改编自石川馨的《质量控制指南》（K. Ishikawa，*Guide to Quality Control, 2nd edn,* Asian Productivity Organization, 1968）。

显然，并不一定非要画鱼骨图——你可以只是简单地运用思维导图或是网图，来确定你需要探究的全部过程。选择你感觉最舒服的任何一种方法。

你该做什么

- 准确地界定你的问题，把它写在纸的顶部的鱼头部分或靠近鱼头的部分。例如，如果客户在投诉产品划痕，那么这个问题是由承运人的行为造成的，还是因为包装不当，抑或是由于所用原材料太容易被刮划呢？
- 利用一个小组，通过头脑风暴的方法，分析问题的原因。
- 直到确定你已经发现了真正的问题及其产生的次问题后，再采取行动。你要的不是解决你认为存在的问题，而是彻底根除真正的问题。
- 记住，问题往往出现在两个或多个系统的接合处。
- 依次研究每根“鱼骨”，直到把那根鱼骨彻底查清后，再开始研究下一根。
- 在你确定每个次问题时，要检验并确认它确实造成了反复出现的问题。
- 记录下你所确定的每个问题，但要把那些不是你正在解决的问题的原因列在一边。你可以以后再看。
- 要获得对你需要根除问题的支持（请参见问题 45）。不要因为问题而指责他人，造成他们和你的对立。相反，要用客观的说法摆出事实，并说明成功的解决方案会如何为各方创造共赢的情况（请参见问题 23）。

- 确定一套绩效标准，你可以用它来判断你的行为效果如何。例如，成功就是客户投诉减少 50%（请参见问题 29）。
- 不要矜功自伐，而要功成弗居。那样的话，同事们和员工们才会在下次你需要他们帮助的时候愿意帮你。

问一问自己

- 目前我面临的三个最糟糕的反复出现的问题是什么？我将如何处理？
- 谁能帮助我确定问题的所有潜在原因？

问题 21　我如何能激励员工

为什么重要：经理人要靠他们的员工做出业绩。相对于一个积极性受挫的团队，一个积极上进的员工会不断交付更好更多的成绩。

可供选择的激励理论即使没有成百上千种，也有几十种。但是，在你采用任何一种之前，你都需要做一件事——你需要逐渐了解你的员工。你的员工是由各个独立个体组成的集体，对一个人有效的激励方法或许对另一个人毫无效果。这就是为什么你需要了解什么会让每个人兴奋。他们喜欢什么，不喜欢什么，对什么感兴趣？他们看重的是什么，金钱、地位还是被视为对你有影响力？你对你的团队了解得越多，你在激励方面的努力就会越有效。

一旦了解了你的员工，你就可以通过激励理论，获得进一步的信息。在所有的这些理论中，我认为弗雷德里克·赫茨伯格（Frederick Herzberg）的激励—保健理论是最为行之有效的。他确定了真正的激励因素和保健因素。保健因素无论多好，对员工都不会产生激励作用，但是当它们降到可接受的水平之下时，就会挫伤员工的积极性，如表 2—1 所示。

表 2—1　　　　激励—保健因素

能激励员工的因素	会挫伤员工积极性的保健因素
有兴趣、值得做且充满挑战性的工作	工作环境和员工设施，当它们降到预期水平之下时
对个人来说有意义、有价值的工作	薪水和工作安全，当它们降到人们预期之下时
一定的责任，以及有选择安排和开展工作方式的自主性	组织的条例、政策及程序，当它们不是助力绩效而是阻碍工作时
认可优秀工作和进步的可能性；或许会带来晋升，或许得到信任被委任更为复杂的工作	员工和主管 / 经理人的关系不好

你该做什么

- 不必激励那些什么都不在乎的人。因此，要招聘那些敬业、热忱又有上进心的人，他们以自己和他们的工作为荣（请参见问题 16）。
- 利用随意的对话、一对一的会议、团队及业绩评估会议，而不是日常或社交活动，对你的员工逐渐加以了解。
- 不断监控保健因素，确保其中任何一项都不会低于可接受水平以下。至于可接受的水平，则在每个机构的标准不同。
- 检查工作在员工之间的分配情况。是否所有单调乏味的苦差事都是由一个人在做？如果是，将他们的部分工作重新分配给其他人，并给他们一些他们感兴趣且富有挑战性的任务，来弥补其仍然需要处理的苦差事。
- 向员工解释他们的工作是如何符合整个工作流程，以及其重要性。
- 与每位员工商议并制定个人目标，并给予员工一定的自主权，自主开展他们的工作。设立混合目标，既有简单的目标，也有富于挑战性的目标。因为对简单目标的成功完成，会激励员工去实现那些更难的目标。
- 只要可能就从内部提拔晋升（请参见问题 16）。不断地这样做，人们就会看到如果自己努力工作就有可能得到提升。
- 给所有员工提供适当的培训和发展机会（请参见问题 19）。

- 记住要当众表扬工作做得好的人。人们可能会觉得尴尬，但这并不意味着他们不想得到认可。

问一问自己

- 我对我的员工了解多少？
- 上次我私下或当众感谢或表扬员工是什么时候？

问题 22　在预算紧张的情况下，我如何奖励员工

为什么重要：员工应该因其优异的工作得到认可，受到嘉奖。做不到这一点，就会打击他们的积极性，让其理想破灭。

霍桑（Hawthorne）在二十世纪二三十年代对通用电气公司所做的激励研究和赫茨伯格在 20 世纪 60 年代的研究工作（请参见问题 21），在人们重视什么及其对工作的需求方面提供了宝贵的见解。令人惊讶的是，两项研究都发现，人们对于非物质性奖励比对金钱更为重视。因此，尽管人们赚钱以保障衣食住行和安全感等基本需求的满足，但赚钱并不像很多人认为的那样是首要的推动力。即使是当预算紧张时，你也有很多方式来奖赏员工。

你该做什么

- 员工渴望通过做好工作来得到认可。当众认可他们取得的成绩，满足了他们希望受重视和欣赏的强烈需求。因此，记住要当众感谢那些工作做得好的员工，即使是只说一句“干得好”，也有着强大的力量。
- 和员工交谈，让他们参与讨论工作的方法和团队的未来方向。这会满足他们的期许，即被当做受人尊敬的同事，而并非只是被雇来的帮手。
- 人是社会性动物，渴望成为团体中的一分子。要不断让员工感觉到他们是组织中最优秀的人所组成的精英团队中的一分子（请参见问题 34）。这样他们就会很快对自己的地位感到自豪，并不想让团队的其他成员失望。
- 即使你并没有真正提升某人，也可以利用分配给他更感兴趣的新工作或者更高的自主权，作为认可他工作或成绩的方法。例如，我的第一份工作是财务培训生，当时我处理的是第二大银行账户的对账，这表明我当时已经不是一名初级的小职员了，而是一个完全合格的会计助理了。我根本没有得到任何加薪，但是我仍能记得它所带给我的那份兴奋（你肯定在想“多么可怜的家伙啊”）。
- 鼓励人们通过获得贸易和职业资质来为自己投资。对他们正在做的事情表现出真正的兴趣，并在他们的整个学习期间尽可能地提供支持（请参见问题 19）。记住，要当众公布和庆祝他们所取得的成功。
- 提供内部培训的机会（请参见问题 19）。不花钱或少花钱能做很多事。

- 利用缺钱及其所带来的患难与共，作为一种凝聚团队和建立团队精神的方法。世界上的每个军队组织都利用训练时的患难与共作为建立团队精神的手段，这也是管理发展组织所开展的很多团队建设练习的基础。
- 自己出钱为你的团队安排某种类型的聚会，并不需要花很多钱。例如，你可以在自己的地方举办一次夏季烧烤、一次圣诞节前聚会，或者疯狂一夜，再或者在当地某风景胜地走一走，最后再到一个不错的酒吧坐一坐。我确定你会想出更好的选择的。

问一问自己

- 我是否只考虑用金钱和升职的方式来作为奖励？
- 以前我曾以什么非物质奖励来作为积极的回应？

问题 23　我如何处理员工之间的争执

为什么重要：就像牡蛎中的沙砾一样，小争执会带来美妙的结果，但是过多的争执却是毁灭性的。

对于争执，双方的回应方式可能会有很多种。

对争执的回应
忽略问题，假装问题并不存在。这会令双方关系紧张，并产生被动的攻击行为，导致双输的结果。
让双方争执下去，直到分出个高低上下。这会导致输的那一方心生怨恨，以及日后的伺机报复，尤其是当他们当众失败的时候。
当一方决定服软时参与解决，而让另一方随心所欲。这会造成输或赢的结果，以及一方的持续不满。
以折中的方式解决，让双方都只得到他们需要的一部分。任何一方对这一平局都不会完全满意，这会导致日后的小争执，因为人们会寻求纠正想象中的侮辱和不公。
通过对话、互相尊重和愿意倾听他人的过程达成共识。这是一种能真正令双方满意的新方式，带来的是双赢结局。

正如竞争一样，团队内部的小争执可能会产生积极的效果，因为它能挑战根深蒂固的观点，但如果它会恶化至双方反目成仇，那么你就必须要采取行动了。

你该做什么

- 鼓励人们开诚布公，坦诚相待。让那些反对你的人和团队成员表达他们的意见。但要加以控制，只讨论工作，如果讨论变成了个人话题时，要出面干预。
- 不要忽视同事间的紧张关系。找出造成问题的原因，并对局面加以监控。只有当当事人没有任何消除彼此差异的迹象时，你才应该出面干预。
- 如果你决定干预，那么要先和与此事无关的人谈谈。

他们的看法也许会有偏颇，但至少他们对待此次争执不会像争执双方那么感情用事。

- 首先与各个当事人单独交谈。如果召集双方开联合会议的话，会有让各方把压制的怒火释放出来的风险。最好让他们在联合会议之前，先在你面前消消火气。把这次会议当成是一次审视，找出所有表现出来的情绪和愤怒背后的真正原因。
- 召集当事各方开会，如果需要的话安排人列席记录。
- 首先说明你所看到的问题。然后，给每个人机会，让他们说明自己的情况而不打断他们。
- 你的目的是达成共识，实现双赢的结果。如果做不到这点，就力争找到一个中期能拿出的折中解决方案，之后再继续寻求双赢的结果。
- 为了达成共识，你将不得不提出一个满足双方需求的解决方案。工作中的争执往往是关于实现目标所采用的手段，而不是目标本身。因此，首先要明确双方都同意的最终结果，然后由此反推直至达成共识。

问一问自己

- 我在处理争执时有多么得心应手？我需要解决争执方面的培训吗？
- 对于反对我的员工，我通常怎样回应？

问题 24 我如何能给员工负面的反馈，而不打击他们的积极性

为什么重要：为了提高某人的业绩，你必须告诉他目前哪里做得不对，以及该如何更正。

这里关于负面反馈的意见不仅仅适用于不守时或出席状况差的情况，同样也适用于工作表现不佳或醉眼蒙眬地来工作的状况。

要意识到很多人对称职和重要性怀有错觉。有的人确信自己做着了不起的工作，没有他们组织就会垮掉。而另外一些人对自己的工作没有半点兴趣，只是得过且过。这些闲散人员中的任何一位你都承受不起。在某个阶段，你或许不得不让人力资源部对其加以纪律处分。但在那样做之前，你应以某种直言不讳的反馈形式，先对其敲敲警钟，或许能解决这个问题。

现在反馈有了一个时髦的新名称——前馈。我觉得尽管这是个糟糕的名称，但它的确强调了反馈最重要的目的。反馈意在提高一个人的未来业绩，而不是揪住他不放，逼着他对其所犯的每个错误负责。成功的反馈应该让参与者受到激励，表现得更好。

如果使用正确，反馈可以成为提升员工的最有效的方法之一。好消息是，只要遵循几条指导原则，反馈就可以成为相对简单且没有压力的过程——至少对你来说如此。

你该做什么

- 把本问题与问题 26 结合起来读。
- 在活动结束之后尽快给出反馈。如果你发现某人事情做得好，就说“干得好”。这句话对他们所产生的影响会让你感到惊讶。如果你看见某人犯了一个小错误，和他私下聊一聊。
- 问题出在哪里更为重要，要尽快安排一次反馈会议，千万不要等。要趁每个人对活动或问题还记得很清楚的时候召开会议。
- 但永远不要在你生气或心烦的时候开会。在这样的情况下，稍稍推迟一下可以让你因这个问题而引起的任何愤怒或其他情绪消退一些。这样也会给你一点时间，搞清楚你希望这个人今后如何表现。
- 会议要在私下召开，并站在中立的立场上，而且如果可能的话，不要打断他的话。
- 会议期间不要批评这个人，只评价他的行为。将人和他们的行为分开可能很难办到，但是如果想控制住滋生的情绪，这却是至关重要的。
- 尝试使用“废话三明治”的方法来为你的反馈划分结构：先用点积极的话开头，接下来批评几句，最后再说点积极的话。
- 将曾引起你关注的行为 / 举止概述出来。问问这个人，他是否想就你所说的内容加以评论，但是只是聆听就好，而不要和他一起讨论或争论。
- 如果恰当的话，采纳此人所说的，例如他想纠正的某些事实型错误。但是，不要接受自私的情感诉求或借口。

- 清楚地说明此人为改进工作必须采取的步骤，将其记录在行动计划中，并给他一份复印件。最后，向他解释如果没有实现改进将会产生什么结果。
- 如果需要的话，日后再安排一次会议，根据计划讨论进程。

问一问自己

- 我就员工绩效所进行的反馈频率有多高？
- 上一次我当众认可一名员工的工作做得好是什么时候？

问题 25　我如何能让公司高层注意到我和我的团队

为什么重要：如果你想得到升职，仅做好自己的工作是不够的，你还必须从众人中脱颖而出。

评价经理人不仅要看他们的业绩，还要看其团队的业绩。你管理能力的高低就反映在你的团队好坏上面。如果你的团队表现糟糕，这就意味着你没有尽职。你的工作是利用你能得到的任何及全部方法，来打造你的团队。但是，这种责任是有双重效果的。如果你的团队声誉很好，毫无疑问这应当归功于你。所以，当你为团队寻求认可的时候，你也并不是毫无私心的，这里还有一层自抬身价的目的。

你该做什么

- 找出组织中会对你的事业产生影响的权力掮客。然后找出你在何时、何地、如何能碰上他们，并将此作为你能引起关注的机会（请参见问题 45）。
- 标榜自我会令人不悦，也并不总是有效。而且不仅不会获得青睐，还会令人生厌。因此，要多说“我的团队”而不是“我”。
- 如果你被要求写份报告，且这份报告会传到那些你想博得青睐的人手里，那么，在说明你们已经讨论的问题时，要从一个更广泛的角度来说明这个问题对你的部门以及组织有何影响。这样就会显示出你具备了查尔斯·汉迪所称的直升机因素。这一思维模式能让你突破狭隘的问题 / 机会层面，而从组织的角度考虑问题。这一能力比任何其他能力更会令经理人被视为未来的高层 / 董事人选。
- 如果有权力掮客们参加你要做的演讲（请参见问题 9），那么利用这个机会，既展现你团队的工作，也展现你个人的沟通和演讲能力。正如你的书面报告一样，这也能显示出你具备了直升机因素。如果你意识到某位高层人物对某一方面特别感兴趣，那就在你的演讲中包含一些能引起他兴趣的东西。
- 如果可能的话，领导一支备受瞩目的跨部门项目团队（见第三部分）。好的一面是，你可以受到关注，你的声誉会得到提高。但是要记住，如果你失败了，你会发现自己不再受到重视，或者干脆就失业了。
- 跨部门项目是个很好的机会，可以用来展示你可以突破自己的专业学科，作为总经理进行运作。不幸的是，很多优秀的经理人都不能过渡到综合管理，这是因为在晋升之后，他们仍然从自己专业领域的小角度看问题。当决策制定需要跨组织思维时，这就会导致次优化。

- 在与权力掮客一起参加的任何会议中，都要表现出自信和对你团队的信心，尤其是当你紧张的时候更需如此。你的感受并不重要，重要的是他们对你的感受。你必须看起来与他们是志同道合的。

问一问自己

- 目前我和我的团队正在做的工作中有哪些超出了我们的分内之职？哪些是我需要加以宣传的？
- 我是否一直在推动我团队的业绩？

问题 26　我如何能激励一群表现欠佳的员工

为什么重要：无论是一个项目组，还是你每天管理的那群人，如果你和你的员工们想要成功，他们就要团结合作，这一点至关重要。

《企业的人性面》的作者道格拉斯·麦格雷戈发现了低效团队的特征。几乎你和你的团队所遇到的每个困难，都属于其中的某一类。

失败的团队
由他们的经理所掌控，对于如何管理他们的工作基本没有自主权。
对于他们所做的工作缺乏兴趣，感到厌烦。
缺乏明确的目标。
被团队中一两个关键人物的观点所左右。
不尊重团队成员或他们所说的话。
反对当众分享情感，并且避免批评或与其他团队成员的争执。
避免讨论他们的行为或其有效性。

你该做什么

- 对你的团队不要管得过细。你的员工是成年人，他们希望对如何管理自己的工作有些自主权（请参见问题 21）。与每个人谈好他们的自主权权限，之后放手让他们去做，让他们带给你惊喜。随着员工的发展，扩大他们的自主权权限。如果他们不断搞砸任务，就降低权限。
- 人们会因自己认为有意义的、感兴趣的工作而得到激励（请参见问题 21）。向团队中的每一位成员说明他们的工作对团队的整体生产如何重要，以及如果无法按高标准完成工作会如何降低整体效率。
- 每个团队都不得不做一些单调无趣的任务。不要把所有的烂差事都交给一个人去做，应均匀分配，甚至给自己也分一点。

- 确保你的团队以及团队中的每个成员，都有与组织目标完全一致的明确目标。然后实施一种有效的监控制度，从而确保每个不足之处都能被发现，并及早得到处理（请参见问题 29）。
- 按问题 10 和 11 所列的原则召开团队会议，但不要掌控程序。大部分时间要让员工说。强调需要每个人都献计献策，并表明每个人都应受到尊重的观点。
- 以身作则。表明你更希望就一个想法达成一致意见，而不是根据举手表决或未经咨询员工而制定一个决策（尽管有时你不得不自己做决策）。
- 鼓励员工在团队会议上批判性地评价群体的工作，这应包括审视团队的工作有效性如何，在过去几周内做成了什么，没做成什么，以及未来将如何做得更好。让员工在群体内开展批评与自我批评，但要确保批评对事不对人（请参见问题 23）。

问一问自己

- 我用什么制度能适当地衡量我团队的有效性（请参见问题 29）?
- 我的哪些行为造成了团队的绩效低下?

问题 27　在变革过程中的每个阶段我该做些什么

为什么重要：如果你想成功地管理变革周期，那么你就需要知道变革周期的关键阶段，以及在每个阶段人们的感受。

有关变革管理的周期非常多，正如有关这一话题的作者非常多一样。根据观察以及所完成的无数项目，我总结的变革周期模型包括以下七个阶段。

变革周期
不相信。确信已经出现了错误，而且不会有任何变革。
迷惘、恐惧和攻击。最终接受变革真的要发生了，但不理解为什么需要变革或者自己未来的角色。
抵触。坚持己见并试图阻止、拖延或改变所提议的内容，目的在于将变革对自己的影响降至最低。
搜寻。随着威胁的明朗化，开始确定了自己的新角色，并有意识地试图令新角色适合老工作。
屈从。适应了新角色，不再抗争了。屈从于无法避免的变革，但仍然眷恋着过去。
安之若素。变革已经实现，人们对于变动的职责和他们在组织中被重新定义的新角色均已能安之若素。
继续前进。新角色已经成为板上钉钉，人们采取相应行动——直到再次发生变革。

遗憾的是，人们在这一过程中并不按照直线发展。他们或许被卡在某一阶段，甚至倒退到先前的某一阶段。为了解决尚待解决的问题，这种倒退或许是有必要的，此后人们才能接受变革并且对其安之若素。

你该做什么

- 变革一经提议，就要建立一支执行团队，成员中要有深受同事信任的员工，他们可以成为变革的带头人。
- 向变革带头人说明并解释，他们的工作是推进变革，回答问题，消除流言，并向你提供反馈。
- 要意识到，愿意和员工沟通直到自己失音，是成功变革的先提条件。让每位员工都能找到你，利用每个机会向他们解释、宽慰和劝解他们。
- 利用走动式管理与员工沟通，聆听他们所关注的东西（请参见问题 48）。强调变革将会发生，并为员工提供机会，让他们与同事、主管及自己讨论他们的担忧，从而消除他们对变革的恐惧。
- 利用你对员工的了解来鼓励、引导和帮助员工顺利度过变革（请参见问题 21）。要记住，人们在变革中的进行速度是不尽相同的。
- 为了宽慰员工，让他们知道自己的未来很美好，要尽快开始对员工进行再培训。
- 给人们一个论坛，让他们可以发泄自己的愤怒和沮丧。这个论坛可以是公开的，也可以是私下的。
- 不要就必须要做的事进行妥协，但要对任何能将变革的非预期效应降至最低的建议纳谏如流。

- 不断安慰员工，告诉他们未来要比过去更好，以及你坚信他们在组织的发展中一定会发挥重要作用。
- 庆祝和感谢员工及变革组所做出的所有艰辛努力，以此标志变革的结束。

问一问自己

- 我怎样看待变革？是喜欢还是害怕变革？
- 我的员工也有同感吗？

问题 28　我如何对待反对变革的人

为什么重要：一个坚持抵制变革的人正如俗语说的那样，会像一颗老鼠屎，坏了一锅汤。

这里要说清楚的是，我们所说的人不是觉得变革困难的人，而是少数极力反对变革，并想要阻止变革的人。要想方设法地说服他们相信变革的好处。但如果他们仍然极力反对，那就要考虑普利策奖获奖者詹姆斯·麦格雷戈·伯恩斯（James MacGregory Burns）所称的交易型管理了。交易型管理包括给此人提供符合其愿望的优惠条件（建设性交易），或者通过处罚对其加以威胁（强制性交易）。从根本上来说，这是一种易货贸易，自原始人使用一柄斧头和两杆长矛交换所谓“弓”的新式武器以来就存在了。

何时发生建设性交易	何时发生强制性交易
经理人给这名员工提供优惠条件，以此获得他的支持。例如，可以说：“如果你和我就此次变革合作的话，我会尽我所能提拔你（给你靠窗的办公桌或给你自己一间办公室）。”	如果员工继续反对变革，经理人通过处罚对其加以威胁。例如，可以说：“变革即将发生，如果你不参与其中，你也许会发现自己今后升职无望了。”

你该做什么

- 无论提及建设性还是强制性交易，在此之前，你都要确定自己的权限（请参见问题 3）。不管采取什么行动，重要的是，你都要能够对承诺 / 威胁说到做到，否则会失信于人。
- 在采取任何行动之前，先见见那人，问问他反对变革的原因。他的反对也许只是因为误解，那样的话，问题就可以迎刃而解了。但是，更有可能是其中含有某种更深层次的个人或心理问题。如果能找出来，那么你也就已经解决这个问题的一半了。然而想要这么做，你得需要赢得此人的信任才行（请参见问题 14），并愿意倾听他们所说的话及其弦外之音。
- 如果讨论不管用，就要找出此人的动机是什么（请参见问题 21）。他看中什么？他害怕什么？你的优

惠条件 / 威胁越切中要害，对此人的影响就越大。

- 始终先以建设性交易开始。给此人提供某个他想要 / 看中的东西，以此获得他的支持。
- 如果无法达成一致或妥协，再表明若此人继续反对变革，你随后将采取的强制性行动。要格外当心，你所说的任何内容决不能被理解为恐吓或者变相解雇索赔的借口。
- 如果此人仍坚持反对变革，你或许需要动用人力资源部，以此人无法完成管理层的合理要求而对其加以处罚。尽量不要这样做，这会让此人看似殉道者一般，令其他心存不满的员工都被召集到他的身边。

问一问自己

- 以前我在获得员工支持方面有多成功 / 多不成功？哪些策略最为成功 / 不成功？
- 在对我的计划进行微调方面，我有多么灵活？

问题 29　我如何为自己和员工设立目标

为什么重要：评价经理人要看他们的业绩，而不是看他们的人缘。

你可以是世界上最谦恭有礼的同事，但除非你能做出业绩，否则你永远也不会成功。而要做出好成绩，你就需要员工的积极支持。作为你激励策略（请参见问题 21）的一部分，你应该为员工设立团队和个人目标。

遗憾的是，很多经理人没有花足够的时间思考该如何制定目标。其结果是，所列出的愿望清单不够清晰，好高骛远，常常自相矛盾，无法实现，而且缺少完成日期。你需要避免这些错误。

你也许对 SMART 目标原则的观点并不陌生。约翰·惠特莫尔（John Whitmore）在其基础上进行了发展，形成了一个更加全面的目标设定模型。

目标设定
SMART 目标是：具体的（Specific），可衡量的（Measurable），可实现的（Achievable），现实的（Realistic），以及有时限的（Timed）。
PURE 目标是：正面描述的（Positively stated），可理解的（Understandable），相关的（Relevant）以及合乎道德的 (Ethical)。
CLEAR 目标是：具有挑战性的（Challenging），合法的（Legal），有益于环保的（Environmentally sound），员工赞同的（Agreed with staff），以及记录在案的（Recorded）。

如果你的目标在实践中想要做到切实有效，SMART 列表包含了它们必须满足的条件。PURE 列表涉及的是应如何编写目标。CLEAR 列表是就你的目标提出问题，请你确认它们是否能通过五个方面的检验。例如，它们是否具有挑战性，是否合法，等等。

你该做什么

- 以保存记录开始，记录反复发生的问题、接受的投诉，以及就经济不良、效率低下或效果不佳的任何问题（请参见问题 20 和 65）。利用这些记录来设定你的目标。
- 把你的目标列表和你老板分派给你的目标结合在一起。尽早让你的员工参与目标的讨论。与你的团队一起，把每个目标分成一系列的中期目标或阶段。
- 为每个阶段规定一个完成日期。一个阶段的完成不仅会对你和你的员工起到激励作用，还会成为一次进度的检查。
- 你的重中之重是老板给你定的目标。这些目标是你必须要实现的。
- 之后，再根据对组织有利程度的高低，把你自己的目标进行排序。在可用的时间内，你要对自己能完成的目标现实一些。四个目标每个都只完成一部分，还不如完成全部目标中的两个目标好。
- 利用惠特莫尔目标设立模型中所列的条件，来帮助你编写一份清晰、稳健且现实的目标。
- 召开定期的月监察会，并设计一个简单的报告系统，从而让你能够监控进程，发现问题，并记录任何已商定的矫正措施。例如，月目标／实际报告可以设计为表 2—2 的形式。

表 2—2　　月目标 / 实际报告范例

年度目标	截至 ×× 年4月30日的中期目标	截至 ×× 年4月30日的实际完成情况	正/负差异	截至 ×× 年5月30日之前需要采取的行动
将投诉降至每年9 000件	3 000件	2 500件	500件	由帕德里克找出优秀业绩的原因，并决定依其构建的程度。

问一问自己

- 我是否已经得到了实现每个目标所需的员工和利益相关方的支持？
- 我是否得到了实现每个目标所需的资源？

问题 30　我的员工们是如何看待他们与管理层的关系的

为什么重要： 管理层是如何看待我的，人们对于这个问题的看法会对他们的业绩有所影响。

问题 21 关注了激励员工 / 打击员工积极性的因素。激励因素的有效性将取决于员工对其所在组织的感觉如何。如果他们觉得组织 / 管理层不信任 / 尊重自己，那么你有可能很难激励他们。

2002—2003 年对一所大学教职员工所做的调查发现，人们如何看待他们与教工管理层的关系对其激励程度有着重要的影响。当人们觉得他们受到管理层的尊重和信任时，他们会很高兴，工作积极性高涨。然而，当他们觉得组织不信任或不尊重他们时，就会缺乏动力，觉得很委屈。

员工对其与管理层关系的看法可分为四种，如图 2—3 所示。

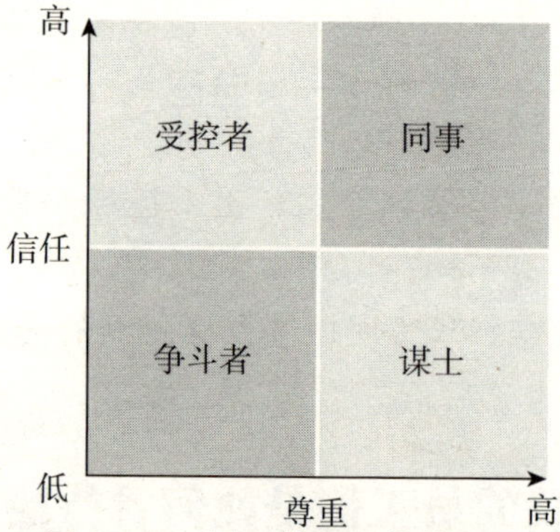

图 2—3　员工管理层的关系图

来源：J. McGrath，*Leading in a Managerialist Paradigm: A Survey of Perceptions within a Faculty of Education*，doctoral thesis，University of Birmingham，2004.

- 受控者。这些员工因为不惹是生非并按指示做事而受到信任，但因为他们几乎没有什么主见，所以不是特别受到管理层的尊重。
- 同事。这些人因为他们就组织应如何运作的观点和看法与管理层一致，因此受到管理层的信任和尊重。
- 谋士。这些人因为他们就组织应如何运作的观点和看法与管理层不同，因此不被管理层信任，但因为他们要么具有专家知识，以及（或者）能力很强，所以受到管理层的尊重。

- 争斗者。有时是出于个人原因而与管理层不和的员工。他们被视为麻烦制造者，既不被管理层信任也不受尊重。

你该做什么

- 要记住，员工把他们的直接上司看作是组织管理层的代表。因此，他们会把对组织的看法以及认为组织如何对待他们的看法反映给你。
- 还要记住，以上描述的是员工眼中认为管理层对他们的看法，实际上管理层对此人的看法也许大不相同。但是，该员工并不知晓，他以为自己的理解是真实和正确的。
- 通过观察员工的所作所为，以及他们和其他员工、其他经理人及你自己的互动，找出此人认为自己属于哪一类别。然后和他开个会，讨论他们对工作、组织的看法，以及对未来五年有什么发展计划。让会议轻松随意一些，利用此次会议去了解这个人（请参见问题 21），并且确认你对此人如何看待他与组织关系的看法。
- 一旦清楚员工如何看待他们与组织之间的关系后，你需要支持那些把自己看成是同事的人，而必要时仍然要批评他们的行为（请参见问题 24）。

- 对于那些把自己看成谋士、争斗者或受控者的人，你需要开始修复他们与组织的关系。就从你开始，建立一种基于相互信任和相互尊重的关系。
- 如何建立这种新关系，取决于你是新经理人还是在某一职位上任职了一段时间。新经理人可以宣布所有员工重新开始。
- 让你已经管理了几年的一群员工获得同样的信息，会需要一些更加微妙的方法。要记住，行动胜于言辞。利用你与员工之间的任何互动，表明你的信任和尊重。该表扬的时候要表扬，要乐于聆听员工找你解决的问题，以及他们就如何改善团队经济、提高效率和有效性所提出的任何点子（请参见问题 18 和 65）。
- 始终就员工的良好表现而称赞他们，千万不要盗用他们的点子还声称是你自己想到的。

问一问自己

- 利用信任和尊重两种方法，想想我是如何看待团队中每一个人的？做出这样的判断，我有何依据？
- 我的判断会影响到我对待员工的方式吗？

管理的艺术

LITTLE BOOK OF BIG MANAGEMENT QUESTIONS

员工可能是你最重要的资产——要这样对待他们。

具备一定的劳资关系和劳动法知识，这会让你避免代价高昂的法律诉讼。

逐渐了解你的员工——他们的强项、弱项、喜欢什么、不喜欢什么。因人而异地对待每个人。记住他们的生日和他们伴侣及孩子的名字，等等。

与你的员工保持专业的距离。你可以亲切友好、平易近人，但同时，你或许必须处罚一位员工或者开除他。

要记住，最好的点子可能来自于最底层的员工。要给他们提供提建议的机会。

你有责任支持并提升你的员工。

LITTLE BOOK OF BIG MANAGEMENT QUESTIONS:

第三部分 管理项目

子路曰："子行三军，则谁与？"

子曰："暴虎冯河，死而无悔者，吾不与也。

必也临事而惧，好谋而成者也。"

孔子，《论语》

许多身处领导层岗位的经理人通常会继续用他本身专业的视角，去看待管理岗位上遇到的新问题，因为情况常常是：会计从财务的角度看问题，工程师用工程术语来建构问题，而营销主管则把问题看作是营销问题。而事实上，他们需要做的是从整个组织的宽度去考虑问题，从全局角度去处理问题，而不是仅从几个挑选出来的层面去看待问题。

本章的内容是关于管理项目团队。这些团队往往都是跨学科的并且（或者）是跨部门的。这给你带来了极大的机遇，让作为总经理的你能够运用你的管理力量，并向更高一级管理层证明你有资格走上领导层岗位。

遗憾的是，项目总是有风险的，如果你失败了，它就会玷污你的名誉，让你的仕途受挫。但是你一定不要因此而失去前进的动力，你要狠狠地抓住机遇的咽喉，一招锁喉，致其投降。要记住，失败是你为将来的成功所付出的代价。我们从成功中学到很多，但倘若我们为失败承担责任，并思考为什么失败，将来怎样才能扭转失败的局面，那我们就会从失败中学到更多。

当你管理一个项目时，你需要可以信赖的团队成员。他们以自己的工作为荣，乐意执行你的指令，努力避免失败。他们行事谨慎，不会还没准备好就匆忙上阵。但同时他们也知道计划得太多会导致延误时机，他们意识到必须采取行动来完成任务。他们不是那种随时准备拥抱光荣失败的英雄，他们是能够完成任务的务实派。所以在用人时，要避免徒手搏虎的斗士。

问题 31　项目管理的三原则是什么

为什么重要：如果你想让你的项目有任何成功的机会，你就需要把基本的事情做好。

凯利 · 约翰逊（Kelly Johnson）为飞机制造商洛克希德 · 马丁公司 (Lockheed Martin) 的项目工作，提出了著名的 14 原则和做法。这些原则中很多与该公司的实际工作有关，但其中有三条原则对所有项目的良好管理都至关重要。

约翰逊项目管理的三原则
• 必须将项目所聘用的人数控制在最低标准。人越多，沟通和控制就会变得越复杂。
• 必须将会议的数量控制在最低标准。最好是每周有一次团队会议，检查进度，并考虑项目是否需要做任何调整，以及每月为项目经理和项目发起人召开一次会议。会议过多会适得其反，并增加行政成本。
• 只做两份定期报告。每周项目组应收到一份报告，详细汇报当前针对计划的进展情况。每月，发起人应收到一份最新的进展报告复件，以及一份详细的项目财务报告。任何其他报告都会占用时间，而这时间不如用到完成项目上去。

你该做什么

- 你的团队要小且易于管理。这将有助于团队的内部沟通和明确目标。此外，在小团队中，团队精神和团队特性的建立更快。

- 项目一旦启动并运行起来，而且看起来会取得成功时，你会惊讶地发现，很多追名逐利的人会跳出来，企图分得一杯羹。你要做的就是把这些争功的人都赶走。
- 每周五下午或周一早上，专门与项目组召开一次简短的进度会。利用会议来监控按照计划项目进展得如何，以及安排下周工作的顺序。
- 学会说“不”。
- 在周进度会上，若非绝对必要，否则拒绝所有改动或增加项目的要求。将所有作为下一阶段待处理问题的提议都记录下来。
- 月末时，在团队会议上，绘制一份预算 / 实际报告，根据需要采取纠正行动（请参见问题 60）。
- 在每次团队会议末，列出下周“必须达到目标”。
- 在月发起人会议上，展示最新的进度报告和项目预算报告。预算报告应根据预算比较当前的花费情况，并提供已承担但尚未发生的支出，以及对项目结束时的总成本预测。
- 除了为你的项目发起人提供他们所需的信息之外，这些会议的主要任务是拒绝改进项目的建议。坚持自己的立场。考虑并记录建议，但要说明除非此建议能表明会令初始目标的完成更容易 / 更快，否则就要等到第二阶段（请参见问题 41）。
- 与当你说“不”时会支持你的关键发起人建立联盟。
- 要记住，如果你同意变动项目，那么项目一旦延期，这个黑锅就要由你而不是那个提议者来背。

问一问自己

- 我在应对公司管理层时有多坚定?
- 公司管理层中有谁会帮我反对变动项目的提议?

问题 32　作为项目负责人，我该做些什么

为什么重要：项目经理通常被告知应完成什么工作，却很少获得对其职能和责任的指导。大家都以为他们知道要求。

如果你读过很多对项目经理的工作描述，你就会发现其职能似乎已非凡人。事实上，和任何管理职能一样，项目经理就是跟人打交道。与项目发起人和你的项目组建立良好的关系，你就已经成功了一大半。

每位项目经理的八大主要职能
●在预算内按时、成功地完成项目。
●与公司管理层明确项目范围，并达成一致。
●挑选并建立一支有效的项目组（公司管理层或许对于项目组另有人选）。
●在项目组成员的协助下，为项目制订一份详细计划。
●确保项目的资源充足。
●负责项目的日常管理。

续前表

每位项目经理的八大主要职能
●激励团队成员。
●监控项目，确保其不偏离目标，不超出预算，并能按所需标准执行。

你该做什么

- 作为项目经理，你最重要的职能是在预算内按时、成功地完成项目。如何做到由你决定，但你必须做到。
- 首先和公司管理层确定好项目范围，并与其达成一系列评测项目成功与否的标准（请参见问题 29）。以书面形式记录下商议结果，并以此反对变动项目的要求（请参见问题 41）。
- 你的头脑中要对最终项目的状况有个清晰的想法。你要能够用几句话向他人概述你对项目的愿景（请参见问题 59）。
- 优秀的经理人身边也是优秀的人。所以，在所需职位上安排值得信赖的人，他们有着成功的经历，痛恨失败，并具有所需的技能（请参见问题 16）。
- 直到建立了你的团队之后，再开始着手详细的项目规划。团队成员可以帮你依据现实设计规划，而不是痴心妄想或主观臆断。另外，共同解决问题也有助于团队增加凝聚力，确保规划为团队所有（请参见问题 34）。
- 作为项目经理，有时你必须全力帮助员工。但你的首要工作是为团队提供他们工作所需的资源，并让其免于无关活动和要求的干扰，专心工作。

- 为了保持进度，你需要维护士气，保持团队成员的积极性（请参见问题 21）。这包括知道什么时候你需要说：“好了，伙计们。够了，够了。咱们去喝一杯吧。”
- 每周召开一次团队会议，监督进度，并为下周工作做好安排（请参见问题 31）。
- 每月与项目发起人召开一次会议，根据规划汇报当前的进展情况，以及根据预算汇报当前的支出情况（请参见问题 39）。

问一问自己

- 对于何为成功项目，我是否具有清晰的想法？
- 我的团队成员是否与我的想法一致？

问题 33　我的项目组需要何种综合技能和态度

为什么重要：如果你的团队不具备必要的综合技能和态度，你就很难或者根本不可能完成项目。

梅雷迪思·贝尔宾（Meredith Belbin）建议任何团队都必须具有下列 9 种角色。

贝尔宾的团队角色
主席。由你担任主席，并负责管理团队。
塑造者。需要具备战略思维的人。他们善于制定决策，而且为了完成工作不在乎得罪人。
创新者。他们是具备创意思维的人。他们喜欢创新，解决问题，产生创意。
监督者。他们是具有批判性思维的人。他们客观，很少让感情影响决策。他们看起来冷静，不感情用事，对同队成员要求严格。
执行者。他们是团队的老黄牛。他们想把工作做好，却不会妥协，这就可能造成关系紧张。
资源调查者。他们为团队搜寻资源。如果你需要资源，他们就会找到资源——只是不要问他们是如何找到的。
协作者。他们是社会性动物，他们想让每个人都高兴。他们非常善于解决团队的内部冲突。
完成者。他们以完成自己的目标为推动力，如果受人阻挠，不会乖乖就范。他们会去做完成项目所必须要做的工作。
专家。提供完成项目所需的专业知识和技能。他们可能有时会有点不合群。

在小团队中，一个人可能身兼多重角色。

除了任命具有适当技能的人员之外，还要确保他们具有正确的态度。请参见问题 16 对你所需团队成员类型的描述。

你该做什么

- 作为队长，你要确保管理和激励团队。为团队设定日程，而且即便是出了问题时，也要能保持沉着冷静，充满信心，积极支持。
- 也许你并不能挑选自己的团队，而是由项目发起人挑选的。那样的话，你要按照上述的标准评估“你的团队”，并尽可能地商谈除去不合适的人员。如果你能证明发起人的选择对团队不利，那么他们是不太可能和你争辩的。
- 如果你能自由选择你的团队，那就挑选那些你信任、并且知道他们能做出业绩的人。如果你必须从陌生人中选择，那就进行非正式的面试，并运用上表和问题 16 中的描述来引导你的选择。
- 要记住，如果项目组规模小，那么一个人或许必须兼任两个或以上的角色。
- 如果你管理的是一个大型项目，那就让部门负责人自己去选择他们的员工。他们会知道自己要找什么样的人，而且这也显示出你对团队的信任。
- 要记住凯利 · 约翰逊所说的——保持最少的人数。不要在团队里接纳任何没有明确既定目标的人（请参见问题 31）。

问一问自己

- 谁对项目组的成员组成有最终的发言权？

- 我是否有权从团队中“开除”某人?

问题 34 我如何建立团队精神

为什么重要性：伟大的团队精神能够帮助人们突破他们自身的局限。

很多东西都是只可意会不可言传的，例如，美貌、领导力和公平——但是，你只要一看就能看出来，团队精神也是如此。没有团队精神，一个六人组会做出六个人的工作。而有了团队精神，就会产生协同效力，因此团队就能做出来八个人甚至更多人的工作。

下面的建议既适用于项目组，也适用于你每天共事的那一组人。

你该做什么

- 了解你团队中的每一个人。对每个人了解得越多越好。
- 发现激励一个人和打击一个人积极性的是什么（请参见问题 21），利用这些了解形成与每个人以及与整个团队的互动。
- 设立现实的目标作为项目规划进程的一部分。监督进程，并让没达到目标的人承担责任。当人们实现目标或超过目标时，要进行庆祝（请参见问题 29）。

- 要表扬那些工作做得好的人——只要可能，就当众表扬。鼓励团队成员在周项目管理会上对同事既要表扬也要批评（请参见问题 21）。正如霍桑实验所示，这样能让人们觉得自己受到重视，并增加他们对集体的归属感。
- 根据需要，既要提供建设性的批评，也要提供负面的批评（请参见问题 24）。不要像某些培训师建议的那样，只提供积极的反馈。如果每个人和每件事都那么好，那么表扬也就没有意义了。
- 鼓励开放式的沟通。让员工随时能找到你，尽量多走出你的办公室，让员工看到你。不要叫人进到你的办公室，而要走到他们那儿去。敞开你的门，随时准备和员工交谈。
- 聆听员工的任何建议，并全部或部分实施他们的建议。这会给这些员工以及团队中的其他人一种激励，让他们知道自己是可以有所作为的。
- 按照你希望团队呈现出的行为类型打造你的团队，对待每个人要谦恭有礼，善待并尊重他们。除掉捣乱分子或者那些不适合的人。
- 表现出你对团队的尊重，并授权给人们有趣且有价值的工作（请参见问题 12）。
- 给团队提供其工作所需的资源。人们因为缺少设备而被迫延误，没有比这更令人泄气的了。
- 在任何优秀的团队内部，都必然存在争论因素，这是因为敬业的人就如何做事持有不同的看法。鼓励有成效的争执保持在健康的程度上，但要知道何时介入（请参见问题 23）。

- 尽情欢笑。工作是严肃的，但这并不意味着做工作的人也必须严肃。如果你们不喜欢工作，那还有什么意思呢？
- 即使取得了小小的成绩，也要进行庆祝。
- 安排团队在工作之外的社交活动，费用要么由公司负担，要么由你负担（请参见问题的 22）。

问一问自己

- 对于团队精神建设我是否足够关注？还是过于关注任务和目标？
- 我可以用工作之外的什么活动来建立团队精神？

问题 35　我如何规划项目，并设定重要阶段

为什么重要：规划为你提供引导，并能够让你对进程加以监控。

要在规划不足和规划过多之间找到一种平衡。所有的规划都是前瞻性的，但没有人能够预见未来，因此，所有的规划从本质上来说都是不准确的。所以，不要试图制定完美的规划。要把它当成像是绘制一份手绘地图一样，这能让你偶尔绕道而行，而不失去自己的最终规划。

有两样工具可以帮助你进行分析和规划。首先，当你被任命为项目经理时，利用杰夫·朗德（Geoff Round）的 TRAP（即任务、资源、计算、首要事项）模型对该项目进行一次快速而粗略的分析。

分析一个项目
任务 (Task)。确认并明确任务。
资源 (Resources)。确认并明确你所拥有的资源（人力和物力）。
计算 (Arithmetic)。进行一番计算。例如，考虑到此项任务及其规定的完成时间，提供给你的资源是否足以完成工作。
首要事项 (Priorities)。明确此项目有哪些首要事项。

在与项目组召开第一次会议时，你再开始详细的规划。

规划一个项目
阶段 1：尽量细致地明确项目的目标。你和你的团队必须能用一句话描述此项目的终极目标。
阶段 2：将你的目标分成一系列的中级目标。这些中级目标将是若干重要的工作（重要阶段），如果完成这些工作，会让你更接近你的终极目标。
阶段 3：依次实现每个目标，并决定需要完成或达成哪些任务和指标，来实现你的目标。
阶段 4：决定谁将对每项任务的完成负责。利用惠特莫尔的目标设定模型（请参见问题 29）来明确达成任务、目标或重要阶段所需达到的条件。
阶段 5：设定监控系统，按规划查看进程（请参见问题 29）。
阶段 6：项目一经完成，记录下对未来项目组会有所帮助的任何经验教训，并花点时间庆祝团队的工作。

你该做什么

- 基于你的 TRAP 分析，决定此项目究竟是可行的，还是只是看似容易，实则不易。如果需要的话，和你的发起人重新协商。
- 逐步完成上述六个阶段，并利用你的专长，充分探究出现的问题。这一过程会帮助团队增加凝聚力，并接受规划，将其看作是由他们帮忙创建的。
- 在规划的不同阶段，你可能会需要使用 SWOT 分析和 PEST 分析来辅助你的工作（请参见问题 48）。
- 将规划作为与团队成员、项目发起人及其他利益相关方的一种沟通方式——告诉他们你打算做什么，什么时候做，以及你将如何处理任务。
- 确保团队中的每位成员都在最终敲定的规划、目标及时间表上签核。

问一问自己

- 我是否在规划上花费的时间太多 / 太少?
- 我可以让谁来检查已完成的规划?

问题 36　我如何计算项目的时间

为什么重要：有两个问题是每个人都会问项目经理的："这个项目是关于什么的？"以及"你什么时候能够完成？"你必须能回答出这两个问题。

你以前也许曾经见过甘特图（Gantt）。如果没有，那么上网搜索一下，就会发现甘特图可以被非常广泛地应用。你会很高兴地了解到，你不必是制作甘特图的专家，因为有相关的电脑程序，你或者你团队中的一员，或许是监控者（请参见问题33），会使用那些程序。你所需要知道的只是支持甘特图的原理而已。

图 3—1 是一幅简单的甘特图示例，显示的是在一个小型电脑项目中的各个阶段。

活动	活动	起始周	结束周	持续时间：周数
与项目发起人会晤，就职权范围、资源和时间安排达成一致	1	1	1	1
确定、招募项目团队，并对其进行情况说明	2	2	3	2
与团队一起明确和规划项目	3	4	5	2
系统设计和编程	4	6	13	8
选择和订购新硬件	5	5	5	1
培训员工	6	8	16	9
安装和测试新硬件	7	10	11	2
测试系统	8	14	16	3
上线	9	17		

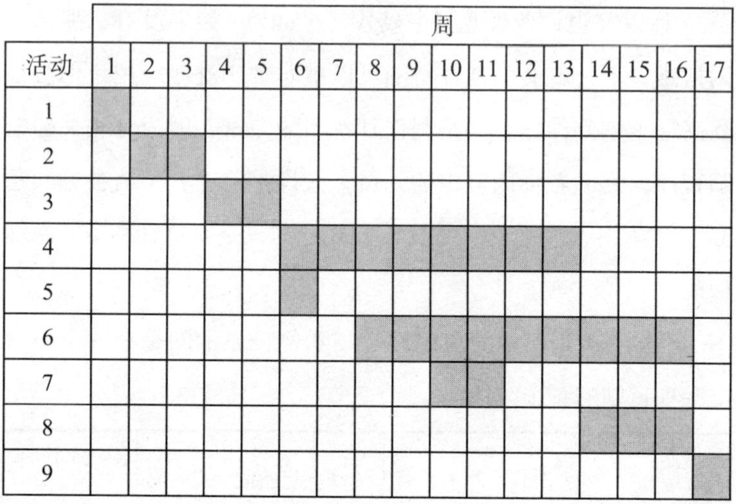

图 3—1　甘特图示例

此图显示的是该项目将耗时 16 周完成，系统将在第 17 周“上线”（要根据项目对进程进行监控，请参见问题 39）。

你该做什么

- 甘特图可用于协助规划、管理和控制项目。绘制一份甘特图，作为你规划进程的一部分。
- 随着时间安排的敲定，更新此图。
- 首先把项目分成构成任务 / 目标（请参见问题 39）。
- 标注出每个任务 / 目标的起始日期和完成的最后截止日期。
- 在表中将每个任务 / 目标按其必须开始之日的顺序安置好，并显示出持续时间和截止日期。

问一问自己

- 我的团队对在最后截止期限按时完工的决心有多大?
- 对于达到每项活动的预估水准，我的自信度有多高?我是否需要多加入些时间，比如两周，以备不测?

问题 37　我如何将与项目相关的风险降至最低

为什么重要：你所做的每件事都有风险。风险无法消除，但你可以努力将它们可能对你项目造成的风险降至最低。

所有规划都关乎未来，因此它们本身都含有潜在风险，这是因为你正在安排不确定和未知的事情。作为项目经理，你的工作是对那些风险进行管理，使其最小化，而且当风险演变成问题时，你要迅速地采取有效措施。

对一项风险，你可以从两方面加以思考：一是它发生的可能性有多高，二是如果它真的发生了，影响会有多大。如图 3—2 所示。

你需要对项目评估风险的方面有：

- 沿着时间轴上的所有活动将会对成本、时间表、完成项目造成压力；
- 项目中的个人因素，如人、设备和资源；
- 与供应商之间的潜在问题；
- 可能对项目有所影响的组织内部的变动；

- 外部因素，例如市场、融资或政府资助/税收规定的变化；
- 各系统、部门或过程之间的交界部分。

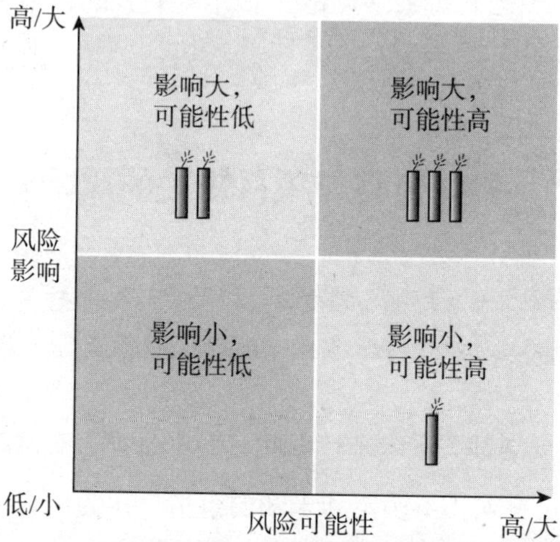

图 3—2　评估项目风险

为了应对风险，你需要做出计划。

应用于风险控制计划的策略
风险转移。将风险由团队转移至外部专家。例如，将硬件或定制软件的供应外包出去。
风险延迟。改变部分未完成活动的顺序。例如，如果项目中有些方面尚待确认，那就推迟至达成一致意见时再继续（这可以减少重复工作的需要）。
风险防范。要么降低发生风险的可能性，要么减少风险发生时的影响。例如，暂时增加项目人数，以应对潜在的瓶颈。

续前表

应用于风险控制计划的策略
风险规避。消除风险发生的可能性。例如，采用其他资源或技术。
风险认可。要承认有时除了接受风险之外，你或许无能为力，要确保制订了应急计划。

你该做什么

- 作为规划程序的一部分，进行一次初步的风险评估。在规划中提出类似下面的问题：
  1. 会发生哪些对项目有所影响的事情？
  2. 发生这件事情的概率有多高？
  3. 如果发生，它将会对项目产生什么影响？
  4. 我们做什么能制止它的发生？
  5. 我们能做什么使发生此事的影响降至最低？
- 运用 SWOT 和 PEST 分析（请参见问题 48），来确定发生某事的可能性及其对项目的影响。
- 着重思考那些最有可能发生的影响大的事件。为这些事件制订一份应急计划。计划应只确定你将采取的任何行动的主要特征。细节可以在最糟的情况发生时再补充。
- 监控并将每一重大风险的责任分配给团队中相应的成员。

问一问自己

- 我对待风险是什么态度？我是个敢于冒险的人，还是个谨小慎微的人？
- 我对待风险的态度是如何反映在我对项目的规划上的？

问题 38　我如何能在计划时间内完成项目中最重要的部分

为什么重要：自我保护。如果你不能按时完成所有任务，就要确保完成现行的项目中最重要的部分。

你可曾想过，为什么那么多公共部门的电脑项目都失败了？这并不是因为公共部门缺乏爱岗敬业、训练有素的专业人士（正如一些小报宣传的那样）。提供公共服务是个很复杂的操作过程，而由于使用每项服务的用户众多，更加剧了它的复杂程度。这意味着但凡有可能发生的各种事件 / 情况的综合状况，都会发生。所以，员工们试图设计出一种能应对各种不测的系统，从而形成极其复杂的系统。但是，是否真的需要应对每种可能的事件组合呢？其实并非如此。

根据帕累托的“重要的占少数，不重要的占多数”原则，找出在任何项目（不仅仅是电脑项目）中只占用 20% 项目时间和资金却能运作顺畅的那 80% 的部分，是切实可行的。项目需要的其余20%——那些琐碎的部分，将耗用剩下的80%的时间，这些部分可以日后再添加（请参见问题7）。

你该做什么

- 在任何一个项目中，都有最基本的可交付部分和所期望的部分。最基本的可交付部分如果能实现，就会形成一个基本的体系、流程或变化。你需要找出这些最基本的部分，并将其作为项目规划的一部分来进行。
- 将项目中这些最基本的部分作为框架，然后再将其余的部分放到框架之中或作为补充。
- 将你的项目规划建立在先完成最基本部分的基础上。这些部分的胜利完工，将在20%的时间内以20%的成本完成80%的项目。一旦有了一个基础的工作体系/流程，你和你的团队便能消除压力，让你有时间检测和提高这个基础体系，并添加进剩余的非必要成分，以完成整个项目。
- 你不能因为之前有了“框架服务”，就可以松于监管和控制完成项目的其他方面。你仍然要在预算范围内按时完成项目。所以，一定要保持专注。
- 如果你的TRAP分析（请参见问题35）显示，你没有足够的资源完成全部工作，而你又不能就项目资金或交付时间重新协商，那么就将完成项目的框架部分作为首要任务，之后再尽量补充那些预算所允许的非必要部分。告诉项目委员会你正在做的事情。

问一问自己

- 谁能帮我找出能让我完成工作框架项目的那 80% 的项目部分？
- 在我们已经完成了框架项目之后，我如何让员工保持专注？

问题 39　我如何在预算范围内按时完成项目

为什么重要：你的声望的建立不仅取决于是否能够完成任务，还取决于是否能在预算费用内按时完成任务。

在问题 32 中，我们看到，任何一位项目经理都肩负着两个主要责任，即按时交付项目且费用在预算范围内。为此，项目经理需要：

- 在其团队的帮助下，精心规划项目（请参见问题 35），包括任务和重要阶段的交付日期；
- 根据项目规划和预算，定期监察实际的完成情况，如下所示。

在确定任务、最后截止期限和重要阶段时，不妨运用 SMART 目标

SMART 目标
具体的（Specific）：清晰的、不模棱两可的。
可衡量的 (Measurable)：有可衡量成功的标准。

续前表

SMART 目标
可实现的 (Achievable)：是一位优秀员工力所能及的。
现实的 (Realistic)：完成所需时间和所能得到的资源是现实可行的。
有时限的 (Timed)：有完工的最后截止期限。

你该做什么

- 为每个任务和重要阶段规定一完成个日期。
- 为每个任务、目标和重要阶段的完成指定一个负责人。
- 利用 SMART 目标制定一系列现实稳健的目标。
- 每周举行一次监察会（请参见问题 31），并设计一套简便易行的汇报系统，便于你监察进程，如表 3—1 所示。

表 3—1 每周进程报告

任务	截至 ×× 年 4 月 1 日的绩效	注释	需要进行的评价和采取的行动
截至 ×× 年 4 月 20 日，已培训 20% 的员工。所有员工在 ×× 年 6 月 30 日之前接受培训	20%	其余的 80% 将在 ×× 年 6 月 16 日受训	无。我们提前完成既定目标
截至 ×× 年 4 月 10 日，接收机器送货		供应商报告推迟 1 个月	项目经理找某总裁谈话，让他威胁供应商除非他们按原定时间交货，否则取消合同

- 为根据预算费用监控实际开支，你需要为整个项目制定一份预算（请参见问题60和问题61），且这份预算必须是你自己亲自制定。所以如果可能的话，要和你的会计人员一起制定，他们能为你提供很多专业意见。
- 将每笔账目分由一位团队成员负责。
- 每月末，在团队会议上绘制一份预算费用/实际费用的报告（如表3—2所示，请参见问题31）。例如，这能让你对进度加以监控，而且如果需要的话，可以迅速采取行动。
- 不要召开周预算会议，因为这只会增加管理成本，而且是不必要的。在你每月底向项目发起人会议汇报之前，先召开团队会议。那样的话，你可以为发起人提供最新的信息，以及你已采取的任何行动的具体细节。

表3—2　　预算费用/实际费用报告

账目	科目代码	当前预算	当前实际费用	差异（正/负）	行动
项目薪酬	薪/001	4 600	4 500	正/100	不需要
项目加班	薪/002	1 200	3 000	负/1 800	由于工作顺序的调整造成了此处明显超支。这一情况将在××年4月30日前得到更正

问一问自己

- 由谁来负责制定周进度报告?
- 由谁来负责制定月预算报告?

问题 40　我如何能提高团队的有效性

为什么重要： 评价经理人要看他及其团队在达成目标和计划方面的有效性如何。

在问题 65 中，你会发现物有所值与经济、效率及有效性息息相关。其中有效性是最重要的因素，这是因为你可以随心所欲地节约和高效，但是如果你不能实现目标，那么这些又有什么意义呢？这就是有效性的意义所在——实现你计划要实现的事情。无论你是否正在管理一个项目，还是正在与普通员工一起工作，你都必须通过团队的努力才能达成目标。

道格拉斯·麦格雷戈发现，有效团队具备以下特征。

优秀团队
在一种不拘泥礼节 / 轻松的氛围中运作。
定期讨论问题，所有成员都献计献策。
很清楚他们的目标，并全力以赴实现目标。
聆听同事们的观点，并且有效沟通。

续前表

优秀团队
解决团队内部争执，不需要外部干预。
组成团队的成员乐于开诚布公地直抒己见。
分担团队领导责任。
不断对他们的绩效和行为进行反思。

为了提高团队的有效性，你需要以上述内容为目标，并消除会造成团队失败的因素（请参见问题 26）。

你该做什么

- 作为项目经理，你的目的是确保你的团队具有尽可能多的优秀团队应有的特征。
- 从选择你的团队成员开始（请参见问题 16 和 33）。一定要选择那些想做好工作的、敬业、热情且积极的员工。要激励那些不能或不愿自我激励的人是很难的。
- 团队成立之后，尽快单独向团队中的每个成员以及向整个团队集体说明要求，让每个人都清楚你的期望。
- 以身作则，以自己的行动表明你希望每个队员怎样做。例如，如果你与任何胆敢声称你并非完美的人争论，那么你就不能指望你的团队能接受批评。
- 利用你平日与团队成员的互动、团队会议及与个人的讨论，对团队的感受和行为进行督查，并处理所发现的任何问题。

- 与团队外部的人就团队成员的看法和感受进行核查，从更广泛的角度与组织相处和互动。团队成员是否积极主动，乐于帮忙，还是心存怀疑，悲观失望？
- 定期与团队协作者（请参见问题 33）会晤。和他们一起研究低效团队的各种特征，并询问他们是否已经发现区分团队好坏的迹象。
- 采取适当行动解决具体问题。例如，如果团队内部存在尚未解决的争执，那么要么与涉事人员谈话，让他们自行把问题解决好，要么亲自加以调停（请参见问题 23）。

问一问自己

- 我本身是问题吗？我对团队控制过度吗？
- 团队中是否有人制造骚乱 / 怨恨？如果有，我该怎么办？

问题 41　我该如何处理对已启动项目进行变动的要求

为什么重要：拒绝高层并非易事，但有时却是必要的。

项目在启动之初就像包得严严实实的小包裹一样，有着一个清晰的目标,每个人都朝着一个方向使劲。然而往往好景不长。外人突然发现一个机会，可以通过扩展项目和变动项目目标来解决他们的某个问题。接受变动会增加工作，并且无法按期完成项目。这样做将后患无穷，因此每个项目经理都必须抵制。

甚至是看似微小且无关紧要的要求，也会对项目规划和时间安排产生变动要求。这会令资源偏离项目的主要目的。如果经常这样做，那么团队就会在毫无准备的情况下忙于应付计划外变动，结果忽略了其核心目标。

你该做什么

- 按你的原定计划继续。与项目发起人达成一致，由他们来保护你及你的团队免受外部压力。尤其是要找出一两个可以依赖的发起人，以便他们能在你抵制所有变动要求时支持你。这样的人通常是项目一旦延迟或失败受损最大的人。
- 先表明你的回应。告诉每个人，不论他们愿意听还是不愿意听，对基础项目的变动是不被接受的。
- 建立一个应对变动要求的系统。坚持让人们将所有要求在第一时间汇报给你，这会阻止任何人在你察觉之前变动项目以讨好发起人。
- 你可以通过与任何提出变动要求的人谈话，把情况向他们解释清楚，以此制止很多此类要求。如若不行，当你被施压接受另一位经理人的变动要求时，就要给他写一份简短报告，并抄录一份给项目发起人。

详细列出因此项变动而增加的成本，为实现变动有哪些资源将不得不从当前工作转移出去，以及将对项目最终完成日期的影响。将要求列入你与发起人每月例会的议程中（请参见问题 31）。

- 设计并排练一种对待变动要求的标准回应。
- 如果你知道自己“过于乐于迎合”，那么就要采取措施，逐步变得坚定自信。
- 如果变动要求很多，那就要和你的发起人协商出针对当前项目的第二阶段。之后，当有变动要求时，你和你的发起人都可以婉言拒绝，但可以向此人保证会在项目的第二阶段考虑他的要求。

问一问自己

- 我需要对组织中比我资深的人更强硬些吗？
- 我在协商双赢解决方案方面的能力如何？

问题 42 如果项目出了问题，我该怎么办

为什么重要：任何项目都会经历一个阶段，即有可能出现问题。对此你如何回应会决定项目的成败。

与其补救于已然，不如防患于未然，基于这个道理，你应该努力防止问题的发生，而不是在问题已发生时试图解决问题。

在以下情况下，项目最有可能出问题
项目规定不当，对成果的期望过高，以及（或者）对成功的度量不明。
不现实 / 过于乐观的时间安排。
项目团队的领导不利。
项目团队中含有不具备所需技能及经验的人。
高层管理的监管不足以及（或者）支持不足。
未能管理用户期望。
未能适当监控项目，并尽早寻求其他帮助和支持，以便采取有效的补救行动。

项目也很有可能在系统、部门、组织或不同项目组的接合环节失败。在涉及电脑系统时，此类风险极高。

你该做什么

- 和团队一起找出上述每个部分有可能发生的问题，并列出它们的预警信号（请参见问题 37）。
- 研究一种灵活的应急方案，用于处理每个问题。
- 将监控每个潜在问题的责任分派给项目组的具体人员（请参见问题 39）。
- 当问题显现时，立即采取行动。不要躲躲闪闪，指望问题会自动解决，那是不可能的。如果需要替换掉团队中的某一员，那么马上换掉。向新人全面介绍情况，这样他才能融入团队，进行工作。如果你发现自己力所不能及，那就寻求帮助 / 建议。

- 不要接受管理层不现实的最后截止期限。要记住，孔子并不推崇自我牺牲的英雄。
- 在制定项目规划时，考虑实现同一目标的不同方案。将这些未用的方案记录下来——它们或许会在问题出现时，挽救你的工作和项目。
- 不要惧怕后退一步来对你的项目规划进行调整，如果这样做能让你避免一个可能出现的问题或延误。要灵活——但要始终不忘初衷，才能方得始终。

问一问自己

- 如果发生问题，我能要求项目发起人提供什么支持？
- 在组织中是否有我能与之交流的经验丰富的经理人？

问题 43　我如何能将自己的经验教训传授给其他项目经理

为什么重要：只有傻瓜才会反复犯同样的错误。

一位古代的圣贤（不是孔子）曾说过：“当鳄鱼在咬你屁股时，你很难还记着自己的工作是排干沼泽里的水。”从项目中汲取经验教训也是同样的道理。在一个项目成功结束时，你很容易忘记自己从中学到了什么，因为你正忙于处理那些在你没做“本职工作”期间积压下来的事务。是的，你会记住一些大事，例如，电脑专家们总是交付给你他们认为你需要的、而其实并非你要求的系统（除非你让他们明白并不是由他们说的算）。但一些小事却很容易被忘记。然而正是这些小事累积在一起时才能对未来项目的管理有所提高。

你该做什么

- 如果可能，在一天结束的时候，花几分钟将任何经验教训简要地记录在你的反思日记中，正反两方面的经验都记下来。
- 在每周进度例会结束时，问问团队成员是否有任何事项想被记录在行动纪要当中的“汲取的经验教训”一栏中，在会议结束时将核发这些行动纪要。这只会花费几分钟的时间，然而却可以在当前项目期间推广好的点子和做法，并为今后的项目提供信息。
- 在每次与项目发起人的月例会之后，记录下任何你觉得有助于你和其他项目经理更有效地应对高级管理层的事宜。
- 项目一经完成，要列出你反思日记中的所有想法、项目团队会议的行动纪要以及与发起人月例会的会议纪要。
- 在你给项目发起人和高级管理层的总结报告中，应包含一份经验教训总结。对于这些经验教训，无论他们是否注意到，或是否会将其在组织中加以推广，至少可以为你管理下一个项目积累一份非常宝贵的资源。

- 当你得到下一个项目时，做做功课。回顾一下从上次项目中汲取的经验教训，看看如何能避免再犯你和你的团队曾犯过的错误。同样重要的是，考虑一下如何保持并发扬你和你的团队做得好的方面。

问一问自己

- 在从错误中汲取教训方面，我的能力如何？
- 我如何能更好地借鉴经验？

管理的艺术 → LITTLE BOOK OF BIG MANAGEMENT QUESTIONS

明确项目的目标，并用一句话加以总结。

运用 TRAP 分析，评估一下你是否有可能成功。如果你的胜算机会渺茫或者根本没有，那么与发起人重新协商项目条款。

尽你所能对项目团队成员的组成拥有最终决定权。

学会拒绝——尤其是对你的老板们。

先交付当前项目的框架部分，再填补琐碎部分，以此为基础进行项目规划。

将报告和会议减少到最低标准。

一经发现潜在问题，立即采取纠正措施。同样，做好准备接受意想不到的好事，并借此良机开展工作。

LITTLE BOOK OF BIG MANAGEMENT QUESTIONS:

第四部分

领导更大的组织

夫子至于是邦也，必闻其政。

夫子温良恭俭让以得之。夫子之求之也，其诸异乎人之求之与！

孔子，《论语》

人之过也，各于其党。观过，斯知仁矣。

孔子，《论语》

在第一部分中，我提到所有经理人都缺少的一样东西便是时间。所以，难怪很多经理人每天都忙于处理他们自己部门和团队内部的问题，往往忽视了在更广阔的组织和世界中所发生的事情。虽然这情有可原，但这仍然是一个错误。你要知道，你将来能否成功取决于你所在的组织能否持续成功，也取决于你上一级的领导者的行动。

你需要理解是什么让你的组织正常运转，谁是关键人物，组织的发展方向在哪里，组织所面临的关键威胁和挑战是什么。你需要尽可能地接近那些能够决定你未来的人，成为他们身边不可或缺之人。如果出了问题，你需要尽早察觉即将发生的组织失败的信号，以便有足够的时间让你能在被它拖下水之前，弃船而去。

研究组织和组织内部的人，观察关键人物，审视他们是如何对待个人的成功和失败的。当事情进展顺利时，我们从那些迷人的、魅力十足的、对媒体友善的、备受钦佩的经理人身上，很难发现那些当企业身处危机时领导者所需具备的品质，比如说，沉着冷静、不屈不挠以及比别人工作得更努力、工作时间更长、坚不可摧的能力。我个人经常以此为基础衡量经理人的价值，即“当最坏的情况发生时，我愿意和谁在同一战壕里并肩作战？”

最后，要记住，为了往上攀登，你不只是要给你的老板留下深刻的印象。如果你的老板离职了，那么你老板的老板很可能来面试可能的继任者。所以，要尽量给你老板的上一级或上两级老板也留下深刻的印象。

问题 44　组织的文化是什么？它适合我吗

为什么重要：要成为有效的经理人，你必须理解主导的组织文化，并能够与之相融。

组织文化是短暂而变化无常的，而且很难定义。特伦斯·迪尔（Terrence Deal）和艾伦·肯尼迪 (Allan Kennedy) 把它定义为“我们在组织内做事情的方式”，并且引申开来，定义为“我们在组织内所重视的东西”。作为经理人，如果你的行为有悖于组织内广泛接受的行为规范，你就会发现你的职业生涯将无路可走，除非有人特意雇用你来撼动这个组织，并改变其文化。

一个快速且容易的方法可以帮你识别组织文化，那就是应用查尔斯·汉迪（Charles Handy）的四种文化模型，它可以帮助你分析你所在组织的文化和你个人的偏好。这四种文化模型如图 4—1 所示。

社团文化（或权力文化）	角色文化（或官僚文化）
在这种文化中，一个人或一小部分中坚分子是绝对的权力中心。想象一下那些由一个人建立、经营和持有的公司。在这样的公司内部，其员工都努力使自己的一言一行得到权利中心的那个人或那个团队的认可。决策权掌握在最有权力的人手中	这类组织的结构是有等级的，员工要完成他们的工作内容，并遵守已经确定的组织规则和办事程序。典型的例子就是政府部门，但事实上，许多大型的商业组织也都是高度官僚化的

任务文化（或团队文化）	存在主义文化（或个人文化）
这种文化重视团队合作。典型的例子是：学校、大学、研究机构和那些涉及创造性工作的组织。它还包含那些把成功建立在应用一个团队中各个成员的不同知识和技能来解决问题而取得成功的其他任何类型的组织	这种文化以个人为基础，这类个人把组织看作是为他们运用自己的技能和专业知识而存在的。考虑一下建筑师和律师事务所，这类组织的建立主要是为组织内的这些专业人士服务的

图 4—1　组织文化模式

这些文化的精确组合和某些文化占据相对优势，构成了一个组织独特的文化。从表4—1中我们可以看出：在一个组织中，一种或两种文化占主导地位是很正常的。

表 4—1　组织文化构成

组织	社团文化 %	官僚文化 %	团队文化 %	个人文化 %
组织 1	60	25	10	5
组织 2	20	70	8	2

你该做什么

- 完成汉迪的组织文化调查表［你可以在网上找到，或者查阅查尔斯·汉迪的书《组织的概念》（*Understanding Organizations*，又译为《通晓组织》）］。调查的结果会让你明确你所在组织的文化，并找到你最适合的文化。

- 如果你所在组织的文化恰好符合你的偏好，那你就没什么问题了。但是，如果你在社团文化中工作，而你却喜欢官僚文化和团队文化的混合体，你就会发现自己很难适应。如果你适应不了的话，你也许就不得不离职了。
- 在组织中找到一个成功的经理人，并学习他们所采用的处事方法和管理方法。如果合适的话，把他们当作榜样。
- 一旦你了解了组织内部的处事方法，当你在采取行动、尝试改变和做决策时，都要把它牢记于心。即便你对想要做的事情没有异议，但如果你实施这个想法的方式与组织的文化规范发生冲突，你就会发现自己将面临一场硬仗。所以，你要仔细思考你所采用的方法和策略。

问一问自己

- 我所在组织的主导文化是什么？
- 我的管理风格与组织的主导文化是相符还是相悖？

问题 45　怎样确认在组织内谁是我需要博得青睐的关键人物

为什么重要：你要让组织内的关键人物知道你并且尊重你，因为他们是能够决定你将来前途的人。

不要混淆了“职位”和“权力”。每一个组织中都有一些受尊重的、有话语权的董事会成员和执行官，同时也有一些属于从属地位的、受忽视的董事会成员和执行官。你需要博得那些在组织内有权力、有影响力的人的青睐。在问题 3 中讲到了权力的七种来源，分别是：

- 传统型权威；
- 合法—合理型权威；
- 魅力型权力；
- 奖赏型权力；
- 强制型权力；
- 专家型权力；
- 否定型权力。

你组织里的主角一定是那些能够利用所有可用的权力来源，并且有着高水准的专业知识和技巧的高级执行官和高级经理人。你需要的就是博得他们的青睐。

你该做什么

- 你必须要博得一位经理人的青睐，他就是你的老板（请参见问题8）。如果你不能博得他的青睐，那么他就会让你的生活痛苦不堪，阻碍你的前程。
- 还有一个人你需要给他留下深刻的印象，他就是你老板的老板。当时机到来之时，他才是那个能够任命他人接替你老板位置的人。
- 运用组织机构图来确定可能的关键人物（请参见问题50）。
- 在可能的关键人物列表中，利用和同事以及高级经理人的谈话和会议，来确定出谁是真正的关键人物。

这些人往往具有以下特点：

* 在运用以上七种权力来源时，展现出较强的技能；
* 在被别人尤其是“对手”谈及时，他们都是被崇拜或被尊重的；
* 有关于他们自身或关于他们业绩的故事；
* 在会议上，大家仔细倾听他们的观点，并向他们寻求意见；
* 有突出的业绩；
* 在组织内能够影响事件和重大决策；
* 有感召力；
* 通常能独行其是；
* 管理一个部门或团队时赢得了极好的声誉；

* 被看作是你不想公开反对的人；
* 能有效地运用多种权力来源。

- 让尽可能多的关键人物认识你（请参见问题 25）。
- 对于那些你经常联系的人，你要想办法影响他们对你的看法（请参见问题 8）。
- 成为对老板有用的人要比被老板喜欢更好（请参见问题 46），努力发现老板特别重视 / 需要的信息或服务，然后提供这些信息或服务。这样你就成了对老板以及老板的工作有价值的人。
- 在任何可能的时候，支持那些关键人物的观点和看法。不要在公众场合反对他们，否则，你不仅不会占上风，而且会让对方以你为敌。你最好保持沉默，如果有机会的话，在私底下提出你对他们的关心。

问一问自己

- 我有多擅长建立人脉关系？
- 在组织内部，别人是怎样看我的？我需要改变他们对我的看法吗？

问题 46　我应该如何应对组织政治

为什么重要：无论你喜不喜欢，任何工作都要涉及组织政治。所以，你需要知道如何保护自己。

与组织政治相关的两个主要问题是：它让员工无法专心于组织的实际工作内容，另外它常常伤害到无辜的旁观者。所以，即使你对组织政治没有兴趣，也需要知道怎样才能保护自己，不要让自己成为他人权力之争中的一枚棋子。

要保护自己，你就需要了解你的敌人。大多数政客的保护神都是马基雅维利（Machiavelli）。这是为什么呢？因为马基雅维利认为，一种行为如果能实现其目标就是道德的行为，这恰好为政客们冷酷无情的行为提供了辩护的正当理由。这种正当理由抚慰了他们内心仅存的良知。

马基雅维利主义
一旦这个人没有用了，他就是可有可无的了。
他们必须在威胁其地位的力量有机会发展起来之前，就彻底摧毁这些威胁力量。
如果他们被任命到一个新的岗位，他们必须粉碎那些仍然忠于前一任统治的忠心分子，借此来巩固他们的新地位。
任何曾经帮助他们得到现有位置的人也必须被根除。这是因为通过除掉一位朋友或同事，他们会让别人有所畏惧。此外，如果那人没有被处理掉，那么此人就会憎恨他们，并且认为他自己才应该坐上统治者的位置。

续前表

马基雅维利主义
被人惧怕比被人爱戴更好，因为爱和随之而来的忠诚都会随时间消逝，然而惧怕被惩罚的心理会随着每一次残酷的行为而与日俱增。

你该做什么

- 马基雅维利主义者也许残酷无情，但并不愚蠢。他们知道他们需要他人的帮助来实现自己的目标。因此，你要努力做那个一直对他们有用的人（请参见问题 8）。只要他们需要你，你就是安全的。
- 永远不要给政客这样一个借口，让他们觉得你是、曾经是或者将是一个不忠心于他们的人。
- 如果有马基雅维利风格的同事刚刚被任命，而你恰巧是前一任统治阵营中的一员，你一定要向新任领导表明你的忠心。永远不要在他面前说："以前，我们常常……"这样的说法足以把你送到你们组织的古拉格劳改营。
- 永远不要帮助马基雅维利主义者登上权力的宝座，那就相当于你在自己的后背上画上靶子，等待被铲除。马基雅维利主义者认为以前的同盟者常常会幡然醒悟，认为他们自己才是应该登上权力宝座的人。
- 要知道马基雅维利主义者会在任何时候牺牲你而换取他们的利益，因此，你要一直与他们的计划有关，并且保证你所给予的是对他们有价值的。要不时地提醒他们你是多么地有用。

- 在高级经理人之间和派系之间的争端中，不要站在任何一边。不要说出你的忠告，让他们按照自己希望的方式来理解你的沉默。通常，人们把沉默看作是同意他们观点的信号。
- 要记住，知识就是力量。找到一些敏感的信息，在必要的时候，你可以把它们当作一份保险单来用。

问一问自己

- 我有什么策略来应对马基雅维利风格的经理人？
- 我掌握了哪些可以保护我的、关于组织内的权力掮客的敏感信息？

问题 47　我应该如何参加组织政治之争并且占据上风

为什么重要：如果你打算加入组织政治之争，你需要知道你在做什么。

谈及这个问题时，我并不是说你应该参加组织政治之争。我个人认为，卷入其中会降低你作为经理人的效力。不过，只有你才能决定自己是否愿意接受这些风险。但如果你已经下定决心，你要记住这可能是致命的一战，要想成功，必须有正确的心智。

要在组织政治之争中成功，不仅要知道以下我所列举的策略，还需要学习更多的关于黑暗艺术的知识。

你该做什么

- 控制好你的情绪。永远不要发火。对别人的挑衅不要回应。记录下别人对你的“侮辱”，等待合适的时机进行还击。耐心是必不可少的。要慢慢地玩这场游戏。
- 永远要努力使对手低估你。把自己伪装成一个天真的傻瓜，这样才能抓住另一个傻瓜。里根总统是这方面的大师，他总能让他的对手低估他。
- 你一次只能和一部分人斗争。如果可能的话，在回到强制性交易之前，首先尝试用建设性交易来赢得他们的支持（请参见问题 28）。
- 你要意识到只有你才能为自己保密。永远不要向别人透露你的想法和目的，尤其不要对朋友透露这些。
- 如果可能的话，利用别人替你冲锋陷阵。这样，即使你失败了，你也可以完全否认知晓此事。
- 选择合适的进攻时机。在你的猎物最脆弱的时候进攻，通常是当他感觉最安全的时候——也许就是在他刚刚取得胜利之后。这时你就要发起最猛烈的进攻。不能手下留情，一定要完全摧毁他们。如果你不这样做的话，他们就会重新组合在一起，寻求复仇的机会。
- 在与另外的竞争对手结成联盟时要十分谨慎。如果你结盟了，那么你必须愿意在适当的时机除掉你的盟友。因为当你独吞了你们共同的猎物时，他们就再也没有办法信任你了。

- 不要把自己孤立起来。知识就是力量。走出去，从员工、同事和高级经理人那里，尽可能多地收集信息，并且要小心谨守这些信息（请参见问题 48）。
- 在你请别人帮忙之前，要发现他们的优势和弱点，并且在你和他们讨论时，利用他们的优势和弱点。
- 要明确谁是组织内的关键人物（请参见问题 45），并且设法获得他们的帮助。不要与他们为敌，除非你已经掌握了可以与他们抗衡的资源和权力。在万不得已与之迎战的情况下，你可以逃跑，只有在自己准备充分的情况下，才可以迎战。
- 找到每一个与你有联系的人的弱点。在必要的时候，利用这些人的弱点就能使你随心所欲地利用他们。比如说，如果某些人以他们的智力为荣的话，你就把他们当作傻瓜。那么，他们就会被惹恼，就无法考虑清晰了。
- 永远不要接任一位出色经理人的职位。如果接任的话，别人会不断地拿你和前任作比较。你最好让别人先接任这个职位，等他们失败离职后，你再接任这个职位。
- 如果你的对手是一个团队，找出团队的领队，擒贼先擒王。一旦领队被打败了，追随者们也就不攻自破了。

问一问自己

- 我真的想要加入组织政治之争吗?
- 我具备在组织政治之争中成功所必需的个性吗?

问题 48 有些变化可能影响到我和我的组织，我怎么才能跟上这些变化

为什么重要：信息就是力量。它对我们能否做出正确的决策也是至关重要的。

作为一位有效的经理人，你需要和你领域之外的变化保持同步，因为这些变化可能会影响到你和你的组织。在接下来的“你该做什么”部分，我列出了一些你可以经常查看的信息，但是，在此我愿意再次提醒你做 PEST 分析和 SWOT 分析的重要意义，你应该至少每年做一次这类分析，最好每六个月做一次。

SWOT 分析的目的是找出组织的优势和劣势，以及组织所面临的机遇和威胁。虽然人们通常认为 SWOT 分析只关注内部因素，但它也提出了一些 PEST 分析可能会忽视的外部因素。因为它也关注除了政治、经济、社会和技术问题之外的问题。

SWOT 分析所要考虑的因素
优势和劣势（strengths and weaknesses）包括组织的财力、产品系列、市场份额、能否招到熟练工、应对变化的能力、消费者的忠诚度及其与机构投资者和银行的关系。
机遇和威胁 (opportunities and threats) 包括竞争的性质和构成上的变化、财政和经济条件、对市场新进入者设置的准入障碍、顾客需求的改变、产品系列的改变、市场份额的变化以及技术的影响。
当环境改变了，优势和机遇可能会变成劣势和威胁，反之亦然。

PEST 分析所要考虑的因素
政治因素 (political factors) 包含政府和国家的政策、现有的和悬而未决的法律法规以及大选之后政府政策的变化。
经济变化 / 问题 (economic changes/problems) 存在于当地、全国以及世界市场，包括经济增长预测、汇率和失业率水平。
社会趋势 (social trends) 包括网上购物和商业的增长、人口老龄化以及社会态度的变化。
技术趋势 (technological trends) 包含新发现和新的生产过程（例如，3D 打印技术有潜力让顾客能够“构建”自己的物品）、不断提高的技术转化速度以及它对投产时间和生产周期的影响。

你该做什么

以下内容对于 SWOT 分析和 PEST 分析同样适用。

- 决定你是要一个人进行分析，还是要一个小团队一起分析。团队一起分析会更有效。

- 在你开始之前，要精确地定义这次分析的目的。和你的团队分享一些与你们有相似目标的分析案例。集中关注那些能够在短期或中期影响组织的问题。分析任何长期的问题无异于猜谜。
- 利用集体自由讨论和组织已经收集到的信息，来确定所要分析的问题。
- 给每人分一摞便签，让他们尽可能多写一些可能的因素。
- 把墙面当作布告牌，把所有观点书写在它们相关问题之下，并且总结最终形成的观点。
- 按照各个因素发生的概率大小，来评估每一种因素，并且评估如果这种因素真的发生，它对组织将产生的影响。利用定量的和定性的数据以及个人的洞察力（隐性知识），来评估这些问题（请参见问题 5 和 75）。
- 如果某一事件发生的概率大于 30%，那么它就会对组织产生重大的影响，它就值得进一步分析（请参见问题 37）。
- 对于那些可能性大于 30% 的威胁，要简单制定出一种策略来应对它们。你很可能没有时间和资源去考虑那些可能性小于 30% 的事件。
- 在你的反思日记中，记下任何你偶然感兴趣的问题，以及（或者）你在采取行动之前已经花费了很长时间思考并确定下来的问题。
- 要记住，只有当你的优势相对于你的竞争对手来说更有优势的时候，它才是你的优势。所以在你把员工列为自己的优势之前，你需要问问自己：你的员工是否比你竞争对手的员工更加训练有素，更加全力以赴。

以下仅适用于 SWOT 分析。

- 为确保有足够的原始材料来进行 SWOT 分析，你应该收集尽可能多的材料。你还可以酌情使用 PEST 分析中获得的信息。
- 擦亮双眼、竖起双耳。利用和别人谈话、参加会议的机会来收集信息。
- 无论他人持有不受欢迎的观点或有悖于组织的官方观点或公认智慧的观点，都要始终聆听他们的声音。因为每一种新的观点都往往是由一个人发起的，在大多数人开始接受这种观点之前，很多人都认为它是非常愚蠢的。
- 利用走动式管理（请参见问题 50）作为一种收集信息的方式。在每次走动之前，都要明确你的目的，但如果你走动时遇见了更值得你关注的事情，你就可以放弃你原先设定的目的。不要质问别人——只需和他们聊一聊，用非威胁性的、开放式的问题引出他们的观点。人们都喜欢别人询问他们的意见，如果我们有机会的话，我们大多数人都会追根究底。要积极主动地倾听别人所说的话，用一些像“我以前从没听说过……”“你能再多讲讲……吗”这样的话来提示他们。
- 当你回到办公室，马上在你的反思日记中记下那些他们刚刚提出的并且你想进一步探索的问题。自问一下：这其中有没有什么问题是与我已经掌握的其他数据相关的？

- 了解组织中那些与你没有关系的部分。只有当你把组织理解成一个整体时，你才能做出计划去迎接它所面临的机遇和挑战。

以下仅适用于 PEST 分析。

- 订阅一份报纸并且阅读它。《金融时报》（*Financial Times*）是商业领域最好的报纸，但是读完它要花费很长时间。所以订一份读起来不需要很长时间的报纸。
- 订阅任何与你组织相关的行业杂志。它们会让你了解到你所在行业世界各地的重大变化和创新。
- 精选一些涉及到你商业部门的网站和博客（数量不要太多），定期查看一下。
- 与你的营销团队确认一下，他们是否已经留意了每个月出现在媒体和网络上的提及你们组织的文章摘要。
- 在你的商业部门内建立一个人际关系网。起步阶段，行业聚会和专业人士聚会是一个很好的机会。
- 留意广播和电视上关于管理和商务的节目单。我特别推荐英国广播公司四台（BBC Radio 4）的一个节目——《底线》(*The Bottom Line*)。
- 一年至少要参加一次面试，即使你并不想换工作，你也需要经常操练。

问一问自己

- 我的组织 / 我的团队面临哪些重大威胁?
- 我有没有策略来应对这样的威胁?

问题 49 什么是组织处于危险之中或走向衰竭的信号

为什么重要：自我保全！

一个组织即将崩溃之前会出现许多预警信号。遗憾的是，并不是组织里的每个人都能接触到这些预示此类危险的战略信息和财务信息，但是你可以设法找到其他的信号。

组织处于危险之中或走向衰竭的信号
高级执行官和董事会不能面对现实，做出必要的变革；相反，他们谈论的都是永远无法实现的浮夸计划（我曾经离开一个组织，因为其总经理明明知道组织的流动资金紧张、利润下滑，却建议我们租一架飞机，带所有的经理人去特纳里夫岛度周末，以便共同筹划、增进了解）。
当直接问老板关于组织和组织未来的问题时，很难得到直接的答案。
有迹象表明董事长的自我主义已经到了无法控制的程度（比如说，沉溺于像收购足球俱乐部这样的面子项目来提高自己的形象）。

续前表

组织处于危险之中或走向衰竭的信号
董事会的人员流动性很大，或者董事们大量抛售股票，就像 1929 年 10 月的华尔街一样。
推迟发布年度报表，审计师拒绝在报表上签字，或者更糟糕的是——审计公司辞职。
管理层拒绝倾听财务主管的意见，并且对财务信息的重要性不予理睬（他们经常会说类似这样的话“财务问题只是暂时的，你要顾全大局”）。
一线员工工作懈怠，订单减少，顾客延迟付款。
进货困难，或者供货商抱怨不能按时收到货款。
制定决策时不考虑长期战略。

你该做什么

- 未雨绸缪，大多数的事业都会有遇到危机的时刻。在组织内部和外部建立人际关系网，当你失业的时候，它也许会派上用场。
- 亨弗莱·鲍嘉（Humphrey Bogart）是名了不起的电影演员，但其个性却不是很好。他想告诉任何一位电影界的高层：如果他们惹恼了他，他会给他们些颜色看，为此他给自己存了些钱，把它称作“去你妈的资金”。你也需要一个类似的基金。算出你每个月的义务开支和必要开支的总数，然后努力存下开支总数的三到六倍。如果可能的话，再多存下一些钱。这样的话，在紧急情况下你就可以依靠这些钱挺过去。

- 让你自己有市场。即使你并不打算换工作，每年你也要至少参加一次面试。你需要让自己保持适于面试的状态来通过面试，所以不练习就会感到生疏。如果你面临的是你五年内的第一场面试，那一定是一次令人望而生畏的经历——尤其是当你真的需要那份工作时。
- 不断提升你的专业技能和知识。你最大的资产就是自己，所以你要投资于你个人的专业发展。
- 监察财经媒体或网站上关于你组织的报道。
- 如果发现了以上信号中的三种或更多，你就马上开始准备自己的逃脱之路吧，立即申请其他的工作。
- 如果你发现自己无法离开，那就咬紧牙关，在此坚持到底，查看一下到时你会从组织或政府那里得到多少裁员赔偿。

问一问自己

- 在组织内部，我可以信任谁来告诉我这里实际发生的事情?
- 我的外部业务关系网有多好?

问题 50 我在哪儿才能找到那张显示组织实际结构的组织机构图

为什么重要：你需要了解组织的概况和你所在部门的概况，通过这张组织机构图，你能知道组织的权力和权威存在于何处。

这一条主要是写给那些有抱负、刚刚到任的以及低级别的经理人，但是所有的经理人都需要重温一下马基雅维利的话——那些不成功的领导者几乎总是在应对他们所希望存在的客观现实，而不是去应对他们真正面临的客观现实。

你已经知道那张钉在墙上的组织机构图在刊印之前就已经过时了，但这并不是说所有的机构图都是没用的。你需要这样一张机构图，它能反映出组织内各部门以及每个人之间的正式和非正式的关系。除非你能加入组织非正式的关系网或进入权力中心，否则你就一定要努力成为对组织有用的人。

组织机构图的四种类型
官方的组织机构图是公开发布的。它是给新员工和股东们的，它是一份过时的、以过于简化的形式来反映复杂实体的结构图。
个人更新过的组织机构图是员工们随着组织内发生的变化而更新的，他们把它放在办公桌里。遗憾的是，他们只记录了那些官方公布的、与他们直接相关的变化。这些人往往错误地认为他们的组织机构图现实地反映了组织的客观实在。

续前表

组织机构图的四种类型
不成文的、非正式的组织机构图存在于有经验的员工心中，它让他们能够走捷径避开组织中正式的结构，通过朋友和人脉把事办成。这幅图属于这个人的隐性知识（见问题5），这些人几乎不可能把它完全地描述给别人。
描述组织真正客观实在的组织机构图，但这幅图是不可能画出来的，因为所有的经理人和员工对组织及其在组织中角色的了解都是不完全的。

你所需要的正是第三种组织机构图。这是你自己的独一无二的机构图，它会让你能认清你在组织中的位置、你和其他关键人物及经理人的关系、个人之间及部门之间权力的转移。知道了这些，你就可以规避一些最严重的官僚主义障碍，顺利完成工作，避免撞入其他经理人和关键人物的权力之争（请参见问题46）。但是，尽管这个组织机构图很有用，你也必须牢记它只是不完全地反映了组织内的实际情况。

你该做什么

- 获取一份公开发布的你们公司的组织机构图，并且仔细研究。
- 经常走出办公室，进行一些走动式管理。在行动之前，明确每次走动的目的，比如员工们觉得最新的结构重组怎么样?

- 你的目的是发现人们的感受和他们对目前所发生的事件的看法，以及这些感受和看法是如何影响他们和其他员工及部门之间关系的。
- 倾听别人的观点，不要告诉他们你的想法。用你的眼睛去观察不同的科室、团队和部门的行为方式和互动方式。闭上嘴巴，睁大眼睛。
- 在和你的老板和（或者）其他经理人会面时，记下发生的事件。哪些人或部门已结成联盟？哪个经理人和同事有矛盾？为什么？在会议上大家都听谁的？权力存在于谁的手中？哪些同盟和仇敌正在上演好戏？
- 在非正式场合和其他经理人聊天时，倾听他们说了什么。不要坐在那里等待时机，然后急切地抛出自己的绝妙观点。只听自己的声音，你什么也学不到。
- 在心里记下或用笔草草记下你从走动和会议中收集到的任何相关资料，用以修正你的组织机构图。
- 不要画一幅传统的组织机构图，用思维导图来反映你组织内部实际的关系。思维导图可以体现部门之间和个人之间的多重联系，让你更好地理解组织机构的复杂性。
- 用实线来表示部门之间、关键人物之间的正式关系，用虚线来表示非正式的关系。你可以在你的组织机构图做上色彩标记，来表明权力存在于哪里，流向哪里。颜色越深，权力越大。但是，你要记住，隐性知识在你的头脑中形成了一幅复杂的图片，而无论你的思维导图做得多么详尽，它都只是那幅图片一个苍白的影子而已。但是，努力构建你的思维导图既会充实你的隐性知识，也会展现出你的隐性知识。

问一问自己

- 在组织里，人们听谁的？
- 谁和谁进行社会交往？他们实际上是什么关系？

管理的艺术 → LITTLE BOOK OF BIG MANAGEMENT QUESTIONS

知道你和你的团队在组织中的位置。

明确组织文化并且与之相融。

明确组织内那些可以影响你前途的关键人物，并且让他们认识你。

发现并发展你的一项专业技能、知识或服务，以便让你成为对高级管理层有价值的人。

如果你要参加组织政治之争，你要更多地了解这方面的知识。

一直监察组织以及你部门或团队所具有的优势、劣势及其面临的机会与挑战。

随时准备好逃脱的方案，以防组织失败。

LITTLE BOOK OF BIG MANAGEMENT QUESTIONS:

第五部分

与客户及供应商打交道

朝，与下大夫言，侃侃如也；

与上大夫言，訚訚如也。

君在，踧踖如也，与与如也。

孔子，《论语》

如果认为这一部分只适用于那些处理外部客户和供应商的经理人，那就错了。同样的原则也适用于与内部客户和供应商打交道。遗憾的是，太多的经理人都不能像对待外人那样对待内部的同事，其造成的结果就是内部关系发展不足和紧张。设想一下，如果这些内部关系得到改善，那么组织的经济、效率、有效性、员工合作和士气等方面都会有巨大的提升。

如果你不相信改善内部关系能提升生产率和利润，那么就从纯粹自私的角度来考虑这个问题吧。内部客户或供应商也许无法摆脱你所提供的低水准的服务，但如果你一直提供低水准的服务，或把他们当作你不得不忍受的讨厌鬼的话，那么与外人相比，他们更能随时摧毁你的名誉。

你应对客户和供应商的方式将决定你与他们关系能否长期维系下去。在与他们两方打交道时，努力实现管理大师史蒂芬·柯维所说的双赢解决方案。这就意味着双方在完成交易时，都感到十分满意。这种感觉与那种相互妥协的感觉是截然不同的。相互妥协时，任何一方都没有完全的满足感（请参见问题 23）。

要想实现双赢，你需要知道对方想从交易中获得什么，你要想办法满足他，同时你要保证自己也获得了你想要的东西。如果你总能做到这一点，你就会很享受这种建立在信任和相互满意基础之上的牢固关系。这就意味着在不景气的时候，客户和供应商都更有可能支持你和你的组织。

请注意："产品"一词在这一部分有着广泛的含义，它涉及工业制成品和（或）服务。这里所给出的建议既适用于外部客户，也适用于内部客户。

问题 51 我怎样才能与我的客户建立积极的关系，并且让他们感觉我很重视他们

为什么重要：做生意就是要重视关系，而不仅仅是销售商品和服务。

彼得·德鲁克认为任何企业的目的都是要创造客户。一旦这个目的实现了，接下来所要做的就是维持并扩展每一位客户。没有客户，就没有利润。

然而，虽然德鲁克是这样建议的，实际上，客户更换供应商的一个主要原因是他们感觉不到被感激，他们认为供应商把他们的光顾当作是理所应当的。例如，在购买保险、储蓄、按揭或移动电话时，你现在的供应商只为新客户提供很多优惠，你会有何感想呢?

要维持并增加你现有的客户基础，你需要让你的客户非常满意，否则，他们就会不翼而飞了。当客户有机会离你而去的时候，他们会毅然决然地跑得飞快。

你该做什么

- 与客户保持联系。经常与他们交流，即使是在你并不打算向他们推销东西的时候。采用电子邮件、电话、业务通信和个人拜访的方式，来加强你们之间

的联系。邀请他们参加特别活动。如果你看到他们可能会感兴趣的一条广告或新闻，请给他们也发一份。

- 建立信任。总是信守承诺。交易中不要违约；作出承诺时，不要食言。即使这样做会让你损失一些钱，你也要做到。把最优惠的条件留给你最好的客户，不要利用他们。如果你欺骗他们一次，他们终会发现，那么你就会失去你已经建立起来的可信度，很可能也会失去这个客户。相反，如果你的产品只能满足一个客户 85% 的需求，而你又知道一个能 100% 满足这个客户需求的产品，那么你就应该告诉他。的确，你会损失一些销售额，但你肯定会得到他们未来的信任和大量的光顾。
- 对客户诚实。如果某方面出了问题，比如说，交货日期方面，那么你要坦诚地告诉客户。如果你无法回答某个问题，请不要杜撰一个答案。坦诚地告诉他们你不知道，但你会努力解决并给他们答复。
- 倾听客户的意见。竖起耳朵，闭上嘴巴去倾听。让他们谈论你的企业、你的产品、你竞争对手的产品以及为什么他们偏爱你的产品。如果幸运的话，他们会告诉你他们希望你能提供什么样的产品。这会帮你确定他们真正的需求——而不是你所认为的顾客的需求——而且这会成为你新业务的源泉。
- 利用客户反馈来了解你的产品或服务是否满足了客户的需求。它哪里好？它哪里不好？客户希望看到什么样的改进？对于批评，不要采取防御的态度。要把批评看作是帮你改进现有产品、开发可能的新产品的机会。

- 提供一系列的奖励措施，来认可客户忠诚，包括折扣、更优惠的付款方式、特价商品以及邀请他们参加特别活动。
- 在与客户打交道时，要做简要的记录，当你有时间的时候，再详细记载。这样你就能为每一位客户建立一份简况档案，并发现其发展趋势。

问一问自己

- 我把我的客户当作是宝贵的同事还是一群摇钱树？
- 我是否知道当客户和我的组织打交道时，他们最大的困扰是什么？

问题 52　回应客户投诉的最好方法是什么

为什么重要：客户并不总是对的，但是如果你不能恰当地处理客户投诉，就不能阻止他们光顾别处。

很多组织费尽艰辛地赢得新客户，却因为一点琐碎的小事而丢掉了客户。多年以前，我从一家英国的厂商那里买了一辆车。不到两年的时间，天线周围就开始生锈了，但他们却拒绝按照保修承诺给我维修。我的反应是动用我的影响力，来劝说我的朋友和我所共事的任何组织不要购买他家生产的汽车。只是

200 美元的维修费却让他们付出了很大的代价。我们可以计算出一个满意的客户给我们带来的未来现金流（请参见问题 69），但无法计算出一个不满的客户给我们带来的损失有多大。

组织不要把客户投诉看作是件令人恼火的事，相反，要把它当作是提升组织在客户心中声誉的机会。要做到这点，就必须迅速高效、富有同情心地解决每一个投诉。

你该做什么

- 即使组织内有专门应对投诉的专家团队，你也要培训每一位员工，包括你自己，如何应对客户投诉。作为你们公司的代表，你永远都不知道什么时候客户会提出一个问题，也不知道客户会怎样提出问题。
- 让客户能够很容易地找到倾听投诉的人，或者是能够看到一个活着的、呼吸的人在倾听投诉——不要让客户无休止地等待。
- 如果你必须使用呼叫中心，那要确保你的员工受过充分的培训，而不仅仅是会读出脚本。如果可能的话，把呼叫中心设在国境内或在你所经营业务的国家内。如果你要找一个优秀电话服务的衡量基准，你可以参照一下英国第一直通银行（First Direct bank）。
- 最重要的是，客户想要被倾听、被理解，因此要仔细倾听他们的意见。
- 告诉客户你知道他们的愤怒和道歉。接受他们的批评，保持冷静，不要回应挑衅。他们的批评不是针对你个人的，你只是火线现场上那个可怜的家伙。

- 询问客户去澄清任何不清晰的要点。你掌握的信息越多，你就有更充分的准备去解决问题。
- 在谈话中和谈话要结束的时候，做笔记记下客户所说的话，并概括要点。这样做会让客户放心，确信你已经明白了他们的问题。
- 始终询问客户要怎样解决这个问题。你往往会惊讶地发现，人们想要的只是一个道歉或者一笔很小的赔偿。
- 投诉者希望他们的问题立即得到解决。我们以此为目标，但是当你需要掌握进一步的信息，或问题被向上传递时，要告知客户下一步的进程和所需的时间。然后兑现你的承诺。
- 记录下你接到的所有投诉。每个月分析一次，看看有没有什么问题是反复出现的。如果发现了这样的问题，你需要从源头解决它（请参见问题 20）。
- 如果你发现了一个普遍存在的问题，要考虑立即在社交网站上公开这个问题。公开这个问题比在 Twitter，Facebook 上收到上百个客户投诉要好得多。但是你需要快速行动。2013 年 11 月 4 日的《泰晤士报》（*the Times*）报道："69% 的'商业危机'会在 24 小时内在全球范围传播开，然而商业组织平均需要 21 小时才能公开他们的回应。"

问一问自己

- 我上一次是在什么时候关注客户满意度数据的？我有这类数据吗？
- 在客户投诉时，我和我的员工采用的是什么样的默认态度？

问题 53 我能做些什么来提高产品质量

为什么重要：低劣的质量会让你在客户投诉、退货和顾客流失方面损失很多钱。

作为经理人，你应该不断地努力提高你所生产的产品或服务的质量。

如果你在二十世纪六七十年代工作，你会经常听见“计划报废”这个词。它的理念是：生产能够经久耐用的产品是对经济不利的，因为这会抑制需求和经济增长。比如，一辆车在五年内变成会动的废弃物是很普遍的。

日本采用了爱德华 · 戴明（Edward Deming）的质量理念，首先走出了这个困境。在 15 年内，日本把“日本制造”由破烂货的同义词转变成了优质可靠商品的标志。

质优的商品不一定是昂贵的。任何一种能够实现其最初设计功能、并在整个生命周期内能持续此功能的产品或服务都可以被称作是质优的产品。真正的质优产品能让你惊讶。比如，我前一阵子买了一块天梭手表。我告诉自己，当需要更换零件时，我就要买一块劳力士手表。17 年过去了，我还在等待买劳力士。

如果组织希望提高他们的产品质量，就需要遵循汤姆 · 彼得斯（Tom Peters）和罗伯特 · 沃特曼（Robert Waterman）的建议，他们是全球畅销书《追求卓越》（*In Search of Excellence*）的作者。也许你能做什么会受到你在组织内所居位置的制约。但是，我们没有理由不去采用质量至上的思维模式，也没有理由不去尽可能多地执行下列方法。

你该做什么

- 高级经理人常常因远离具体的执行工作而无法知道市场信息，因此你要倾听客户和一线员工的意见，因为与总部的员工相比，新产品和新工艺更有可能在他们的意见基础上产生。
- 建立一种清晰简单的管理结构，尽可能减少高级经理人或总部员工的数量。
- 发现不必要的官僚主义做法，一经发现就彻底根除（除非在有些方面，你需要良好的官僚主义做法，比如说工资和薪金）。用以客户为中心的好方法来取代它们。
- 努力做到先行一步，具有前瞻性。与其应对客户投诉，不如从源头根除问题。

- 允许员工在清晰界定的范围内使用自主权，尤其是在处理与客户关系的时候。
- 要记住，组织应该坚持做他们最擅长的东西，并且努力做得更好。
- 让员工非常清楚，质量和客户关怀是每一个人的责任，而不仅仅是那些客户投诉部门的责任。
- 公开表明你和你的团队积极致力于提高产品质量。
- 在质量管理和真诚的客户关怀方面培训员工。
- 记录所有的投诉和生产过程中的错误，用这些信息来跟踪并从源头根除重复发生的问题（请参见问题 20）。

问一问自己

- 关于我和我的团队所生产的产品和服务的质量问题，我想过多少?
- 我上一次采用客户或一线员工的建议是在什么时候?

问题 54　我应该如何加强与供应商的联系

为什么重要：没有良好的、可靠的供应商，你就无法经营。

也许你觉得你是客户，所以在与供应商（包括内部的和外部的）的关系上，你掌握主动权。但事实并非如此。没有他们的供应，你的企业将会陷于停顿。因此，你最好把你和供应商的关系看作是互惠互利的，并花一些时间和精力来建立和维持与他们的关系，就像你关注你的客户一样。

你该做什么

你可以从供应商那里期待得到的。

- 为你所购买或收到的商品或服务建立质量标准，向供应商表明：你不会接受任何质量低于标准的商品或服务。只有产品的组成部分质量好，你的产品才能有好质量。
- 务必做一个苛求的客户，但要保证你的要求是合理的。不合理的要求会破坏你和供应商的关系。
- 拜访你的供应商，并且与处理你账户的人谈一谈。告诉他们，你会诚实、坦率、开放地对待他们，并期待他们也能这样对待你。如果你的订单出现什么问题，恳请他们务必尽快告知。
- 用单音节的词向他们表明你的态度，你永远不希望看到其他与你规模 / 价值相似的客户享有比你更好的福利、价格或服务。
- 假如有你可能感兴趣的新产品或对现有商品的改动，请供应商随时告知你。
- 想办法让你的企业对你的供应商更重要 / 更有意义。也许你可以付款快于行业惯例，或者你同意下单数量减少，但订单数额增多。当然，你会因此而要求回报，就像问题 55 所说的，你永远不要白白地放弃谈判筹码。

- 不要回避冲突，而要解决它（请参见问题 23）。

你能为你的供应商做什么。

- 及时地下订单，不要期望你的供应商会不顾一切地去赶不可能完成的最后期限。
- 准时付款，尤其是当你的供应商是小公司的时候——现金流对他们至关重要。帮助他们，他们就会用更加努力的工作以满足你的要求来回报你。
- 如果你碰到了一个好的供应商，就要忠于他们。如果你有机会碰到了一个价格更便宜的供应商，那么请给你现在的供应商一个机会，看看他能不能做到和你新发现的供应商一样的价格。为什么只是与之匹敌的价格，而不是更有优势的价格呢？因为在与供应商建立良好的关系方面，你已经投入了时间和金钱。你真的想要再经历这些麻烦吗？此外，变动总会涉及风险。
- 把你的供应商推荐给与你有业务联系的人，并且把你看到的机会介绍给他们。如果他们对你推荐的客户很感兴趣，他们也会为你做同样的事（请参见问题 51）。
- 让供应商知道你组织的近况，通知他们可能出现的招标机会。
- 如果你的组织扩大了，让你的供应商有机会和你一起扩大。不要因为你觉得你已经发展壮大了、不适合于这样小的供应商了，就抛弃他们。

问一问自己

- 我是否过于依赖一个或两个大的供应商？
- 从我经常用的供应商那里，我是否得到了好的交易或服务？

问题 55　我怎样才能成为更好的谈判者，从供应商和同事那里得到更优惠的条件

为什么重要：（今生今世）能占据地球的不是温顺谦卑之人，而是最好的谈判者。

经理人的一生就好像是漫长的一系列谈判。他们不得不就一系列令人混乱的问题，同他们的雇主、老板、同事、员工、供应商、客户以及利益相关者展开谈判。如果你心肠软的话，你将会遭遇一些结果悲惨的谈判。但是如果你太强硬的话，人们就会对你小心翼翼。高效的谈判者努力达到一种双赢的结果（请参见问题 23）。

为了阐述这一问题，我假设谈判是在买方和供应商之间。但是，同样的原则也适用于所有谈判。

你该做什么

在谈判开始之前要弄清楚什么。

- 你想从谈判中得到什么?
- 作为谈判的一部分，你想要达成什么样的交易？如果可能的话，猜想你的谈判对手想要达成什么样的交易?
- 如果不能达成一致，谁是替代的供应商（在你不得不离开的时候，你要有能力从谈判中走开）?
- 你过去和你供应商（如果有供应商的话）的关系如何？这种关系可能会对谈判有怎样的影响?
- 如果谈判失败了，谁的损失最大?
- 为了达成交易，你愿意接受什么样的妥协?

如何高效地谈判。

- 避免那种你完全依赖达成协议的境地。应备有其他的选择，或者如果没有的话，至少要给别人留下有其他选择的印象。
- 如果你是卖方，在销售人员已经在原则上达成一致之前，不要讨论价格。如果你讨论了，你会发现，随着谈判的继续，你不得不迫于压力作出进一步的让步。很明显，如果你是买方，尽量尽早开始讨论价格。
- 弄清楚对方“完整的购物清单”上都有什么？在开始谈判之前就要做到这点，这样你会就迫使他们一时半会儿很难再增加什么了。
- 努力策划谈判的情境，以使对方先提出价格问题。

了解他们的起点是一种宝贵的优势。

- 如果你是买方，先出一个低价。如果你是卖方，你要先还一个高价。无论怎样，你所出的价都不要受对方提到的价格的影响，也就是说，坚持那个谈判开始之前你心中已经想好的价格。
- 在谈判期间，拒绝作出任何的让步，除非你可以得到一些回报。
- 始终牢记谈判目标。不要让对方一点一点地侵蚀你的目标。
- 准确地做好会议记录，并且每隔一定时间总结一下你们已经达成的共识。这样做会阻止对方重新讨论那些先前已经达成的共识。
- 在结束谈判时，努力与对方保持和睦的关系。世事难料，你们说不定在什么时候或在什么条件下就会再次见面了。

问一问自己

- 作为谈判者，我最大的弱点是什么？我足够坚定自信吗？
- 我是否把谈判看作一项竞技运动？或者我对双赢的结果满意吗？

管理的艺术 → LITTLE BOOK OF BIG MANAGEMENT QUESTIONS

好生意建立在良好关系的基础上，而不是建立在你死我活的竞争上。

承认你和客户及供应商的关系是建立在互相需要的基础上的。

不要利用你的客户或供应商。利用他们也许会收到短期的好处,但长期看来,这样做会破坏良好的工作关系。

在任何的谈判或争论中，总是努力实现双赢的结果。

像应对与外部人员谈判那样应对与同事的谈判。

听取客户和一线员工的意见——他们知道周围在发生什么。

改善组织内部的沟通，保持精益简单的组织结构，尽量避免官僚体制。

LITTLE BOOK OF BIG MANAGEMENT QUESTIONS:

第六部分

管理运营计划和预算

以约失之者鲜矣。

孔子，《论语》

你在筹划组织战略计划时的角色将取决于你在组织中的位置以及你的组织制订计划的方法，你至少将会支持和实施组织的战略计划。即使在战略计划中你仅能起到有限的作用，你也一定会发现自己在为你的小组、科室或部门执行或监督运营规划。因此，你不可能忽视组织的计划和预算控制周期。事实上，你在组织中的位置越高，你就会花费越多的时间来计划组织的未来、监督预算。

一般来说，经理人对制订计划的态度可以分为三大类。

- 有些经理人爱做计划。与做实际的工作相比，他们更愿意做计划，经常会花过多的时间去收集一点一滴的信息，制作出非常详尽的、伪精确的计划。他们的计划如此详细周密，不仅不会让执行者更清楚明了，反而会给他们造成更多的困惑。
- 有些经理人认为努力为一些本来就未知的未来去做计划是浪费时间。他们几乎不花时间去为计划收集信息和数据。相反，他们愿意依赖于愿望和祈祷。他们制订出的任何计划都不能为经理人提供充分的指导，常常不能规划那些即使不会肯定发生，也是很可能发生的事件。这样的计划简直是浪费书写计划所用的纸张。
- 还有一些经理人认为好的计划可以为未来提供蓝图。但这个蓝图应该随着市场和环境条件的变化而变化。他们认为执行计划就像一次旅行，旅行的方

> 式可以机动灵活，但眼睛一定要盯着最终的目标。这样的经理人会收集足够的信息来制订可用的计划，但是他们知道计划仅仅是实现他们目标的一个辅助。他们专注于本质，他们经常会“达到目的”，就像孔子说的“失之者鲜矣”。

这一部分为运营计划和预算提供了指导方针。如果掌握了这些指导方针，你就会抓住本质。

问题 56　我应该在制订计划中充当什么角色

为什么重要：作为一位高效的经理人，你必须能够影响制订计划的过程和那些为你设定的目标。

一般来说，组织可以采用两种方法制订计划：自上而下或自下而上。

自上而下方法的支持者
认为制订计划的过程应该只涉及高级主管和一些职业规划师。这就意味着制订计划的精英和组织的经理人及其他员工之间的交流很少。唯一的接触就是在这些精英要求经理人提供具体信息的时候。
认为计划和预算一旦制订出来，就会被经理人和员工毫无疑问地接受。
认为计划的执行是直截了当的、非常简单的。

自上而下的方法，或伊戈尔·安索夫（Igor Ansoff）所说的现代主义的方法被很多组织所采用（至少是部分采用）。尽管很显然，以上的描述是模式化的观念，但自上而下的方法有两个最显而易见的缺点，它认为：

- 高级主管和规划师比经理人和员工更清楚组织内发生的事情；
- 任何计划的执行都是简单且没有争议的；

自下而上方法的支持者
否认高级主管是精心制定组织规划的最佳人选。他们认为高级主管离实际操作太远了，他们不知道客户的想法、感受和需求。
建议管理层在制订计划时应该倾听客户和一线员工的意见，并向他们学习。
提出的理由是产品的革新和变化趋势的识别并不是源自高级主管，而是来自一线员工。
认为在组织内，数据应该经过中层经理人的汇总分析后再传递给高层经理人。规划师的工作是与员工和中层经理人一起制订组织的战略计划。

你该做什么

在自上而下的环境中。

- 明确计划制订者制订计划的时间表，为他们提供他们需要的任何信息，并且提供你认为他们应该考虑的其他信息。如果他们不向你索要信息，就采用其他方法把信息送过去，那这样就能提高计划制订者所需要的信息质量和数量，就可以在一定程度上保护自己避免受到那些因信息错误或没有信息而制定出的错误决策的影响。

永远不要相信运营计划的执行是没有问题的。向你的员工简要地介绍计划的内容，并概述该计划对于整个团队的意义。

- 同员工商议并设计出计划的具体执行方案，要考虑到工作负担和现有的工作责任。
- 在展开实施计划的过程中，支持你的员工。
- 你要提前设计出一个预警体系，用来警告你根据需要来改变计划，以应对内部或外部的环境变化。
- 在适当的位置，建立一个监督体系，用以凸显计划和实际操作之间产生的任何重大差异（请参见问题 29）。鼓励正差异，努力纠正负差异。
- 让高层管理者知道计划实施所取得的进展。

在自下而上的环境中。

- 使用 SWOT 分析和 PEST 分析，密切关注那些可能对你的组织和团队有所影响的内部及外部事件（请参见问题 48）。
- 如果组织使用的是自下而上的方法，计划制订者们会经常向你索要数据和信息，用来作为制订战略计划的参考信息。及时提供他们所要求的任何信息，而且还应该提供一些相关的、他们没有关注到的其他信息。

- 和制订计划的团队经常保持联系。你可以带着另一些信息“顺便拜访”，或是在吃午饭的时候和他们聊聊天。
- 随着计划周期的展开，努力发现这一过程中的缺陷，并争取解决缺陷，或让计划制订者知道这些缺陷。
- 向计划制订者提供信息的时候，不要做一个人的团队。早一点让你的员工参与进来，询问他们对这一问题的看法。这样做会让员工产生主人翁意识，从而让计划执行起来更顺利。
- 在不需要保密的情况下，与员工分享计划的细节以及它对整个团队的重要意义。
- 同员工商议并设计出计划的具体执行方案，要考虑到工作负担和现有的工作责任。
- 在展开实施计划的过程中，支持你的员工。
- 你要提前设计出一个预警体系，用以警示你根据需要来改变计划，以应对内部或外部的环境变化。
- 在适当的位置，建立一个监督体系，用以凸显计划和实际操作之间产生的任何重大差异（请参见问题29）。鼓励正差异，努力纠正负差异。
- 让高层管理者知道计划实施所取得的进展。

问一问自己

- 我怎样描述我的组织制订计划的方法?
- 我能否利用制订计划的过程，让高层管理者注意到我的团队和我本人?

问题 57　我如何准备战略计划

为什么重要：如果你想要"登上顶峰"，你需要展示出战略思维的能力以及相应地制订计划的能力。

你在准备战略计划中所起到的作用取决于以下三种因素：1. 你在组织中的角色；2. 你的资历；3. 组织制订计划的方法，即是自上而下的方法还是自下而上的方法（请参见问题 56）。以下概括出了制订计划过程中的主要阶段。

准备组织的战略计划的各个阶段
回顾组织的愿景宣言。
回顾组织的使命宣言。
收集数据，至上用来为更改使命宣言提供信息，至下用来为更改组织的战略目标提供信息。
利用使命宣言和从数据收集工作中收集到的信息，明确组织的战略目标，如果实现了战略目标，组织就能够"实现其使命"。
一旦确认了战略目标，就要决定采用什么战略或方法来实现战略目标。
为了实现战略目标，明确规定哪些分公司、部门和科室要实现什么目标和任务。
设计并执行监控体系和反馈体系。

你该做什么

- 从组织的愿景宣言入手。愿景宣言应该是以将来时态书写的，比如“我们的愿景是要成为我们顾客、股东、社区及员工心中最好的公司”。愿景与目标不同，它可能是组织一直不断努力实现却或许永远也实现不了的。考虑一下你的愿景宣言是否需要改变或修改。
- 组织的使命宣言总结了它的目标和价值观。如果目标实现了，同时没有损及公司的价值观，那么组织就朝着它的愿景又迈进了一步。严谨地审视使命宣言，自问一下：如果考虑到前一年的变化和预计的未来变化，这些目标是否还有价值。
- 发现这些必须发现的变化。至上，它可以帮你调整使命宣言；至下，它为你讨论战略目标提供信息。用一系列方法分析组织现在的位置和将来的位置。例如：

  * 以竞争对手和有崇高声誉的组织为基准，来衡量组织的关键绩效指标。比如，对于客户关怀这一指标，你可以参照英国第一直通银行（First Direct bank）和健力士啤酒博物馆（Guinness Storehouse）。
  * 用差距分析 (Gap Analysis) 的方法来确定组织现在的位置、一到五年内它想要达到的位置以及它将如何缩短差距。
  * 用 SWOT 分析和 PEST 分析来确定那些可能影响到组织的内部因素和外部因素（请参见问题 48）。

- 从修改过的使命宣言中，列出组织的战略目标，并且找到实现目标的策略，如业务外包。
- 和其他经理人一起，把战略目标分解为一系列任务和目标，分派给各个分公司、部门及部分。这些任务和目标构成了这些单位运营计划的基础（请参见问题 58）。
- 由于员工参与了计划的准备工作，你会发现，与直接把计划丢给他们相比，这样做来自于员工的阻力较小。
- 建立一个控制体系，来监控战略计划和运营计划的实际绩效和计划绩效之间的差异（请参见问题 29）。

问一问自己

- 我所在组织的战略计划周期是什么样的?
- 我怎样才能提高我在制订计划过程中的参与度?

问题 58　我如何准备运营计划

为什么重要：作为经理人，你要对你的这一部分运营计划负责，因此你需要制订正确的计划，否则你可能会发现自己在致力于完成不可能的目标或任务。

很可能你正在或将要为你的团队、科室、部门或整个组织准备年度运营计划。你一定要把它做得尽可能准确，因为人们会根据你在计划中设定任务和目标的恰当程度来评价你的表现。

年度运营计划是组织的战略计划和年度预算之间至关重要的一个环节。它体现了组织的战略目标，并把它们变成了一系列的任务和目标。如果组织要朝着它的长期战略目标迈近，那它就需要在接下来的一年实现这些任务和目标。同时，它也是组织年度预算的基础。在那些运营最好的公司，预算就是一份已全部标价的运营计划。

运营计划必须处理以下四个问题
我们现在在什么位置？
一年后我们想要在什么位置？
我们需要做什么才能达到那个位置？
在实现目标的途中，我们怎样衡量我们的进展？

运营计划应该由必须执行计划的经理人起草。遗憾的是，在一些组织，制订计划仍是一小部分高级经理人和职业规划师的职责范围。如果你恰巧在这样的组织里工作，自己起草一份运营计划，在计划制订者开始决定你的未来之前，把它交给他们。这样，你至少有可能影响他们的想法。

你该做什么

- 和你的老板或制订计划的团队一起，明确哪些战略目标完全或局部与你的团队相关。
- 组织员工形成一个小团队，与他们齐心协力，依次考虑每一个目标，把它们分解为一系列可实现的事项—— 一系列的任务 / 目标（TT）。如果实现了这些任务 / 目标，就会有助于组织实现它的目标（请参见问题 29）。

- 对于每一个任务 / 目标，要清楚详细地说明期望的结果，比如减少 30% 的客户投诉。
- 设定每一个任务 / 目标的绩效标准，比如，客户对投诉解决的满意度必须超过 95%。
- 审视你和你的团队在专心致力于什么目标，并评定你是否具有实现你的任务 / 目标所必须要求的人员和资源。如果你需要额外的资源，你获得这些资源的可能性有多大？如果可能性很小，你就必须重新做计划，换一种方法去实现你的目标。
- 为每一个任务 / 目标设定一个最后期限。对于长期的任务 / 目标，你需要设定一系列的重要阶段，以便你可以每月或每季度检查一下。
- 用问题 29 中概述的方法，监督你的进展和计划之间的差距。
- 发现不足，立即采取纠正行动。
- 如果你不能解决某个问题，或者你有可能以为其他部门所用的正差异，你应该向高层管理者报告这一情况。

问一问自己

- 我所致力于的任务和目标是可以实现的吗？
- 我的员工是否专心致力于运营计划？

问题 59　我如何为我的团队设计愿景

为什么重要：良好的愿景采用概括总结的形式，使团队在共同的目的下目标明确、团结一致。

良好的愿景宣言以概括总结的形式描述了组织想要实现的理想。实质上，它强调了组织的前进方向，但它不一定是可以实现的目标。它可以是组织争取达到的目标，比如说“使所有的客户满意”“让每一个家庭的个人电脑都应用微软的软件”或“以人们可负担的价格提供新鲜的、营养丰富的食物，使人们生活得更健康”。

在问题 2 和问题 25 中，我强调了能超越自己的团队或部门的利益，从整个组织的角度，而不是狭隘的、本部门的角度来看待问题是很重要的。极其重要的是，你团队的愿景要完全顺应组织的整体愿景。如果不顺应的话，就会招致负面的批评、反对和最终的失败——“胳膊是拧不动大腿的”。

你该做什么

- 找到一份组织的愿景宣言和使命宣言。宣言中的有些话可能是不太容易被理解的，所以和一两个经理人讨论一下其真正含义是很必要的。
- 找到一份组织的战略计划。如果你参与了计划的制订，你就会知道哪些部分涉及你的团队或部门（请参见问题 57）。如果计划是高层制订的，没有询问过基层（请参见问题 56），然后直接交给你去执行，你就需要分析一下高层期望你作出什么样的贡献，和你的老板聊一聊，也许会帮你看清这一点。

- 在交付你的年度运营计划时（请参见问题 58），很可能你的团队会被要求为组织战略作出一些贡献。概括这些贡献——不是要概括成一系列的目标，而是要陈述你要做什么。你可以以这样的句子开始“我们团队的目标是要……”。
- 在一周内每天花费 10~15 分钟重新改写以上的陈述，直到你可以提炼出你们团队所做工作的本质——团队的目标——提炼成至多 50 个词。
- 安排一次整个团队的会议，来讨论你对于你们团队所做工作的陈述，把它总结成不多于 20 个词的愿景宣言，如果可能的话，还可以更短些。不要在会议上做最后的决定，留大约一个星期的时间让员工们继续给出建议。
- 和员工们开一次短期的非经常性的会议，来考虑各种备选的愿景宣言，选择简短的、容易记住的、而且是每一个人都满意的愿景宣言。

问一问自己

- 我能否用少于 20 个词来概括我为团队确定的愿景？
- 我的每一位员工都熟悉组织的愿景宣言和我们团队的愿景宣言吗？

问题 60 在正常时期我如何做好预算

为什么重要：经理人的生命线取决于他们实施预算控制的能力。但是，如果预算从一开始就是错误的，那么就相当于你在进行一场毫无成功希望的斗争。

通常，经理人在准备预算工作中的职责仅限于为他们所负责的每一个账户完成预算，比如复印或照明等。会计会给每一个有预算管理权限的人一份像下面这样的表格，表 6—1 的最后三列是空着的，留给经理人去填写。经理人应该以现在的价格来计算，忽略通货膨胀的因素。会计一收到经理人填完的表格，就会根据预期的通货膨胀率，增加每一个账户上的数额。这样做保证了整个公司使用的是一致的通货膨胀率。

表 6—1 预算表示例

成本代码	支出	去年实际支出	本年度预算	预计本年度的最终支出	明年预算	备注
040/001	工资	110 789	113 600	114 100	134 000	1
040/012	广告	21 186	22 900	24 000	26 000	2
040/021	文具	13 456	14 000	13 900	15 000	3

你该做什么

- 按照下面的详细程序，依次考虑每一个账户。

- 看你最新接到的预算报告，比较迄今为止的实际支出和预计本年度的全年支出。预计支出看起来合理吗？如果合理的话，你就可以继续进行了。如果不合理的话，你需要和你的会计谈一谈。
- 考虑今年的预计支出，从中减去非经常支出，即今年出现但明年不会出现的支出。在下面的表 6—2 例子中，2014 年为了应对短期的工作量增加而雇用了临时工，这项支出了 12 000 英镑。
- 加上任何今年没有发生、明年可能发生的成本增长。在下面表 6—2 的例子中，2015 将任命新员工，将使成本上涨 31 900 英镑。

表 6—2　　工资预算报告示例

2014年预计支出	114 100
减去2014年非经常性工资支出	12 000
加上2015年额外工资支出	31 900
2015年预算	134 000

- 这种方法被称作是增量预算编制，它的缺点是认为大部分的支出是正确的、必要的并且会按照现有的水平继续发生。如果你怀疑一些账户资金膨胀而其他账户资金匮乏，你应该分析预算实际花在什么地方了，你的会计能够帮你分析。
- 检查每一个账户的确费时间，但这是你一年期间按照滚动的计划必须要做的。这会节省一些资金，也许你可以把它转到其他的账户上。

- 有的会计要求不要增加通货膨胀的因素，而很多经理人忽视了这一要求，会计明白这一点。如果你确定不考虑通货膨胀，就直接告诉会计。你无法承受因为会计认为你在尝试而削减了你的基础预算。
- 要记住，是会计把表格合并成一个预算表交给高层管理者，高层审核预算并决定是否需要削减。
- 反对董事会里任何人尝试把你的预算减少 X% 的意图。这样的削减就好像在脑部手术中使用链锯。相反，省钱要通过削减那些稍微有点膨胀的账户，或与其他账户相比不太必要的账户。

问一问自己

- 我知道我们的预算都花在什么上了吗？我需要分析我们本年度的开支吗？
- 从我们的供应商那里（请参见问题 55），我们得到了最高的性价比吗？我们需要更换供应商吗？

问题 61　在困难时期我如何做好预算

为什么重要性：经理人一直面临着降低成本却同时提高生产率的压力。以下概括出的方法可以帮你实现上述两点。

问题 60 解释了怎样利用增量预算编制的方法来做预算。

在正常条件下，这是没有问题的，但当预算剧减时，这个方法就不够用了。你需要做的是采用从零开始的方法做预算。不去考虑去年的预算和实际预算开支，而是要从一张空白纸开始，从头做起预算。利用这种方法你会省下超过 10% 的开支——同时并不损害你的工作。

因为我不可能知道你从事什么行业，所以以下给出的是简单通用的例子。

你该做什么

- 和你的会计讨论你想要实现的目标，看看他们能给你什么帮助。如果会计还算清醒的话，他们就会欣然应承这个请求。因为这可以让他们洞察到经理人是如何准备预算的，以及经理人优先考虑的方面——这些信息对他们将来是非常宝贵的。
- 从研究你团队的运营计划入手。如果你没有运营计划，列出来年你的团队预计完成的所有工作。
- 为你所负责的每一个预算账户创建一个独立的工作文件，纸质的或电子的，比如，工资福利、原材料、办公用品，等等。
- 依次考虑每一个预算账户，并计算你将在该账户上花费多少。不用看去年的数据。让我们以工资福利账户为例：

 * 列出每一个员工的工资，以及下一财政年度每个员

工可能会得到的加薪。这构成了工资福利账户预算的基准。

* 然后考虑一下你是否可以削减工资福利水平，或在不影响组织运作的情况下减少某些员工的工作时间。
* 最后，回顾一下你们团队的员工流动率数据，计算一下明年有多少个月你们可能因为尚未填满的职位空缺而人手紧缺。保守地计算这个数据。从你的基准数据中减去一些可能节省掉的钱。

- 基于预期的生产水平，估计可能发生的直接成本和分摊费用（请参见问题 67），看看能否在某些条目上节俭一些。以办公用品为例。

  * 考虑一下通过更有创意地使用电子邮件、发短信或社交媒体等方式，可以在多大程度上减少办公用品支出。
  * 能否考虑通过大宗采购或只从一两个供应商采购的方式，进一步节省支出。
  * 文具的质量是不是过高了——对于一般用途的复印，你真的需要 100 克的纸吗？80 克的纸不够用吗？
  * 同样的方法可以适用于大多数的支出项目。

- 对于原材料也可以采用同样的流程。

  * 从检查你的产出目标入手。如果产量将会下降，检

查一下这是否也体现在原材料成本和工资预算上。

* 像文具一样，依靠大宗采购原材料。

* 考虑用替代品替换部分或全部原材料，或者降低采购的原材料质量——只要它们仍然能够达到要求的技术参数就可以。

- 不要包含任何隐藏的意外开支。

问一问自己

- 我的团队里谁能帮我分析这些数据？
- 哪些预算是我无论如何都必须要保留的？

问题 62　我如何有效地监控预算

为什么重要：除非经理人用预算报表 / 实际报表来进行预算控制，否则这个报表就是没有价值的。

会计不进行预算控制。他们制定预算报表 / 实际报表，却不进行预算控制。预算控制指的是经理人查看报表，发现预算和实际的收入或支出之间存在差异，进而采取行动去纠正差异（指的是负差异），或巩固这一差异（指的是正差异，例如销售额超过预期）。

通常，像表 6—3 这样的预算实际报表每个月会被送给账户持有人。

表 6—3　　预算实际报表示例

成本代码	预算条目	预算（截至 2014 年 7 月 31 日）	实际发生（截至 2014 年 7 月 31 日）	差异	正差异 / 负差异
044/1007	铜线	31 455	32 607	1152	负差异
044/1007	挤压损耗	2 780	2 685	95	正差异

作为经理人，你需要知道迄今为止的预算数据是怎么算出来的，知道这个会对你如何解释差异有帮助。会计通常使用以下的方法。

预算计算
简单累积法。整个预算除以 12，每过一个月就在预算数据上加上十二分之一。如果你知道你的大多数销售额都发生在八月和三月之间，这种方法的用处就不大。尽管如此，这种方法仍是最常用的。
季节性调整。如果组织的销售额受季节变化的影响，会计在分配预算时会考虑到这一点。例如，预计烟火生产商会在九月下旬、十月和十一月上旬销售额会剧增，在排灯节（Diwali）和新年销售额会有小幅上升。
弹性预算法。这是最不普遍却最有用的预算方式。会计按照生产 / 销售的水平来修改预算。这意味着在理论上成本和支出会更准确地反映实际交易情况。

你该做什么

- 确保你完全理解送给你的任何预算报表。即使你认为你理解，也要坐下来和你的会计或其他做报表的人谈一谈，让他们解释是以什么为依据制定报表的，以及每一个数据的含义。
- 和每一个预算条目下直接负责花钱或实现收入目标的员工开一个预算实际会议。
- 逐行讨论预算报表，找出所有重大差异的原因。
- 发现了负差异，探讨你和你的团队可以做什么来消除或改进这一问题。有时，这个问题是你这个层次无法解决的，比如国际市场上铜价上涨。在这种情况下，你能做的就是向上逐级地反映这个问题，看看别的账户项目下有没有正差异来弥补这项的超支。
- 如果是正差异，你要确定这是暂时的还是永久的现象，努力去巩固这一差异。
- 对于每一项差异都要列出需要采取的行动、责任人和完成的截止日期。截止日期的制定一定要保证行动的执行时间，并保证行动能在下一次预算控制会议之前对预算数据产生影响（请参见问题 29）。

问一问自己

- 我在多大程度上真正了解会计送给我的各种报表?
- 我上次是什么时候和会计一起坐下来讨论预算报表以及我尚未实现的要求?

管理的艺术

LITTLE BOOK OF BIG MANAGEMENT QUESTIONS

要记住，所有的计划和预算都是对未来的最佳估计，所以没有必要让每一个微小的细节都精确无误。

要记住，大的组织就像油轮——他们需要提前行动来改变方向或停下来。

训练自己学会提前一年、三年、五年事先考虑。

培养自己的战略思维能力。

努力参与运营计划和预算的制订。如果你没有参与，你就会面临不得不执行别人制订的不可实现的计划或预算的局面。

清楚地知道预算花在什么上了，哪些项目还有节省开支、增加收入的余地。

使你团队的任何愿景与组织的总体愿景相匹配。

LITTLE BOOK OF BIG MANAGEMENT QUESTIONS:

第七部分

理解财务术语

道千乘之国，敬事而信，节用而爱人。

孔子，《论语》

这一部分的信息旨在阐明一些经常令非财务出身的经理人困惑不已的财务术语。它意在给你提供足够的信息，帮你理解会计在和你讲什么，让你提出恰当问题。因为我并不打算让你实际应用这些信息，所以以下的任何一个问题中都没有“该做什么”部分——除了问题 76“我如何增加组织的利润”。

这一部分有以下两个明确的目标。

- 帮你理解关键的会计术语，它们经常被使用，就好像每个人都明白一样，但实际上很多人并不理解。不理解这些术语，你就被排除在财务讨论之外，你就很难提出恰当的问题。
- 为什么演示账目并非如很多人想象的那样，具有数学上的精确计算。在此特误引迪斯雷利（Disraeli）的话“世界上有谎言，糟糕透顶的谎言和财务账目”。

多年以前，我就意识到需要对关键的会计术语和观念有一个大概的理解。那时，一个公共部门的总裁和我谈话，他的组织刚刚从政府控制中独立出来。我很快就看出来他不理解现金和利润的区别。这一点让我有些担心，因为他在经营一个大型的自治组织，他的组织要想生存下去必须要在三年内至少保持收支相抵。但是，如果你认为这种对财务的无知仅限于公共部门，那么一家全国性汽车专卖店的销售经理坚持说在他的组织里销售额反映在资产负债表中，并坚持说“修车厂的账目在内容和格式上都与其他组织不同”，又该如何解释呢？也许只有等待臆想照进现实吧。

如果你已经很好地理解了财务术语，那么你尽可以跳过这一部分。但是，我要告诉你一个秘密。直到我已经完全胜任了会计这个工作，我才真正理解会计是一种人造的、虚假的概念。过去在学习时，我太过重视通过考试来质问游戏规则。如果规则变了，而且规则是可能变化的，所有公司报表中的利润也要随之改变。所以，也许你可以快速地浏览一下这一部分。

问题 63　现金和利润之间有何差异

为什么重要：不理解现金和利润的关键区别的经理人的数量是惊人的。这样的无知会严重地损害经理人的可信度。

现金是真实的，是实际存在的。你可以去银行，把它取出来，握在手上。

利润并不存在于现实世界里。它是根据一系列的会计准则、专业实务、会计标准和专业判断，对组织的收入和支出数据进行计算处理而得到的数字。

常见的会计概念

权责发生原则。账目不是以你收到现金或你付出去现金为基础来做的。它们是基于权责发生的原则。这一原则要求在该财务年度内发生的收入和支出，不管什么时候实际付款（现金交易），都应该记在这一年度的账目上。例如，如果你在 2015 年 12 月 31 日截止的财务年度之后收到了 2015 年 10 月 1 日到 2015 年 12 月 31 日之间使用的煤气账单，你必须把这个账单记到 2015 年的成本中。

续前表

常见的会计概念
折旧原则。当购买了一个新的资产项目，比如新机器，它的成本要分摊在这个资产的使用期限内。例如，企业以 90 000 英镑的价格购买了一台机器，在 2015 年 12 月 31 日截止的财务年度内付款。这个机器是一个资产项目，也就是说组织会在很多年期间使用这台机器获得效益，而不仅仅是在一年。如果这项资产的寿命是三年，那么从 2015 年 12 月 31 日截止的财务年度开始，接下来的三年内，每一年都要在组织的损益账户上减掉机器成本的三分之一（30 000 英镑）作为折旧费用（请参见问题 70）。但是，在付款开发票的那一刻，全部的 90 000 英镑现金就从组织的银行账户扣除了。
坏账准备。准备的类型和方式多种多样，但最普遍的是坏账准备。每一个组织都有很多欠它钱的债务人。每年会计都会估计这些债务有多大比例可能会成为坏账。这就是组织的坏账准备，在损益账户上它被当作是费用。它实际上减少了报表上的利润额。但这只是一种估计，并没有真正发生资金往来。

银行账户里有现金但却亏损了，这种情况是完全可能的。例如，一个组织有大量的运动鞋库存（或其他对时尚变化敏感的商品），而市场上刚刚出现了一种新式的、非常受欢迎的运动鞋，这就导致这些库存无法脱手。它的库存价值降低了，同时销售成本和销售总支出也增加了。这造成的结果就是，组织在那段期间内必须要公布亏损了——尽管它的银行账户仍然保持健康。

现金很少但利润额很高也是可能的。例如，某组织的销售额飙升，正忙于投入资金购买新股票以满足发展需求。但是它每 30 天要付款给供应商，而要 50 天才能收回债务人的欠款，那么它很快就会因为营业超荷而用光现金，无力偿付债务（请参见问题 64）。

这就说明了为什么“现金为王——而且现金将始终为王”的道理。

问题 64　无力偿付债务和破产之间有何差异

为什么重要： 就像现金和利润一样，在讨论中混淆了这两个术语，也会让你失去可信度。

无力偿付债务指的是现金方面（如图 7—1）。破产则与资产及负债有关。

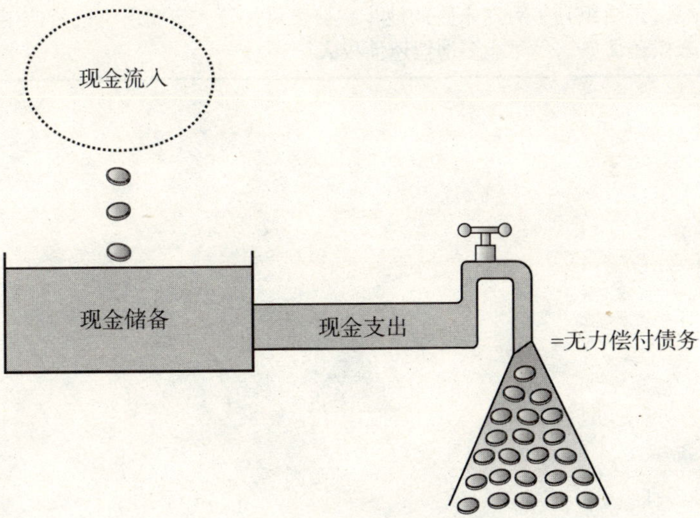

图 7—1　无力偿付债务示例图

无力偿付债务
发生在一个组织现金不足，在债务到期时无法偿付债务时。
可能是暂时的情况，也许会持续几天或几周，因为组织可能在等待一笔数额巨大的付款；也有可能是组织走下坡路的早期征兆。

当心无力偿付债务的征兆。例如，供应商抱怨他们没有收到付款或者付款异乎寻常地晚，延迟购买必需品或原材料，而且，最重要的征兆是，工资支付方面的任何延误。

如果无力偿付债务的征兆持续了很长时间，你就要考虑弃船而去了（如图 7—2，请参见问题 49）。

破产
发生在一个组织的全部债务超过了资产时。
经常是组织到了穷途末路的地步，被交付托管，变卖所有的资产用来偿还债务，尽可能多地偿还债权人。

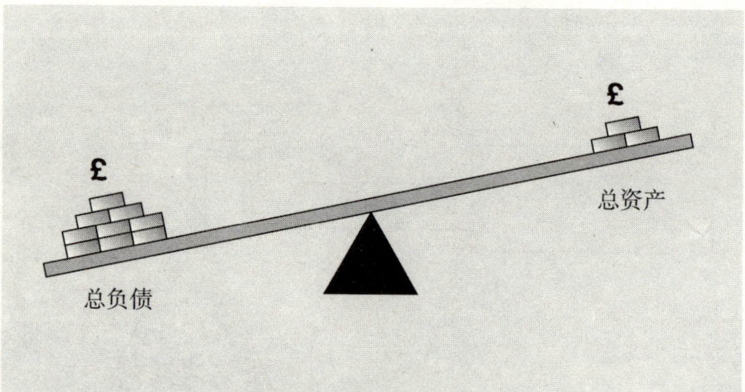

图 7—2　破产示例图

如果组织进入了破产程序，你就有可能失业了，因为托管人为了努力削减成本，会遣散很多员工，只留下极其重要的员工。也许你最佳的选择就是在发现自己不得不被迫辞职之前，就弃船而去（请参见问题 49）。

或者，如果你有能力，了解这个行业，相信组织的失败是由于管理不善，而且你有好的商业模式的支撑，并能在公司内部或外部找到志同道合的人，能找到必需的资金，你也许会感兴趣投标争取承包这个组织。组织的破产让你有机会抛弃那些阻止公司前进的过时观念、低效做法及不满的、低生产力的员工。这是有勇之士值得抓住的机会。

问题 65　什么是物有所值

为什么重要：任何一个组织如果想生存并且发展，就必须努力追求经济、效率和有效性。

物有所值（value for money，VFM）这一概念盛行于 20 世纪 80 年代早期的英国，成为玛格丽特·撒切尔夫人控制公共部门支出的基本战略之一。从那时起，这一概念就以各种形式在大多数组织里得以应用。

VFM 包含三个相互关联的概念，如图 7—3 所示。

- 经济指的是以最低的成本获得符合标准的商品。
- 效率指的是以最少的资源投入，最大限度地产出符合标准的产品或服务。例如，增加 1 平方米的金属板上能压印出的坯料的数量代表了效率的提高。
- 有效性用来衡量组织在实现既定目标方面有多成功。

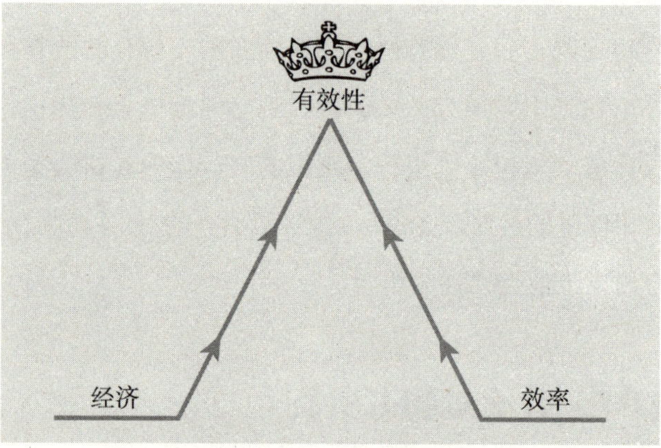

图 7—3　VFM 示例图

有效性是三个概念中最重要的。如果组织追求的是错误的目标或不能实现目标，那么追求经济和效率都是没有意义的。

作为经理人，你可以积极努力发挥作用，确保你们的工作实现经济和有效性，你也可以为有效性作出贡献。当你和你的老板讨论工作目标时（请参见问题 8）或当你为自己和员工设定目标时（见请参问题 29），都要思考一下这个问题——“这个目标符合我的运营计划和组织的战略计划吗？”

问题 66 预算和预测之间有何差异

为什么重要：作为经理人，你肯定要负责管理预算。

预算用来管理和控制一个既定时期（通常是一年）内组织的收入和支出。预测是对组织在未来某个时间点位置的预测。

预算
预算如果做得好的话，应该是组织运营计划的有估价的版本（请参见问题60）。它可以被看做是有价格标签的运营计划。
是由组织的员工在组织内部制定的。
被用来监督和控制一年期间组织的收入、支出和投资。

财务预测
是对组织在未来某个指定的时间点上商业地位的预测。
可以是组织的员工在内部编制的，或由外部的各种代理机构和个人编制，比如说投资分析师、竞争对手和商业评论员。
用历史数据和未来趋势，来判断组织在未来某个特定的时间点上的状态，通常是超过一年以上。
不能用来监督或控制收入或支出。

做财务预测最困难的部分就是预测未来的收益。估计未来的成本比较容易，可以根据历史数据在一定程度上估计未来的成本。但是，正如前面所说的，你要预测的未来事件越远，准确性就越低。

问题 67　直接成本和分摊费用之间有何差异

为什么重要：直接成本和间接成本被用来计算组织的毛利润和净利润。

理解成本
直接成本是指组织在生产商品或服务时产生的成本。它们只包括生产商品或服务时所用的原材料，以及付给那些直接参与生产过程的员工的工资 / 薪酬。
分摊费用是指组织在销售产品或服务时发生的所有其他费用。它包括广告、管理人员工资、员工培训及发展、研发费用、租金成本和税金，等等。这些成本被称作是间接成本或分摊费用。

组织的毛利润是用销售额减去直接成本算出来的。

组织的净利润是用毛利润减去分摊费用算出来的。

问题 68　成本中心、交易中心和投资中心之间有何差异

为什么重要：作为经理人，你极有可能要负责以上三种中心中的一种。

成本中心存在于几乎所有的组织当中，并且你有可能要负责一两个成本中心。交易中心不太普遍，你也许会负责一个。

投资中心通常是由高级管理层经营的。你需要知道这三种中心的区别，以及这三种中心的收入和支出是怎样编码 / 分配的。

收入、支出和资本项目是怎样被编码并分配给某一个中心的
所有的收入和支出都被编码到一个特定的会计科目，比如0 1代表工资。
成本中心、交易中心或投资中心通常是一个分部、部门、科室或团队，我们给它一个编码用来识别它，比如，044代表货物接收科。
那么就可能用044/01这个编码记录货物接收科员工的工资额。

商务中心
成本中心是一个可识别的活动区域。它可能是一个部门、一个科室、一个团队甚至是一组机器，所有的直接成本和分摊费用（请参见问题67）都可以被编码/被分配到这些账户里。作为成本中心的经理人，你必须对全部或某些记在那个中心名下的费用实施预算控制。成本中心也被称作费用中心。
交易中心也是一个可识别的活动区域，比如一个分部、一个部门或一个单位。但是它和成本中心不同，它直接为组织的整体利润作贡献。因此，可能要赋予它一些责任，让它负责为组织完成一定比例的收入并控制支出。交易中心的经理人要能管理本中心的支出，并实现它的利润目标。
投资中心是一个部门或工作区域，这个中心的经理人要负责控制和管理收入、支出、资产和负债。可以通过计算收益率，来衡量该中心经理人的表现（请参见问题74）。实际实现的收益率要和过去的表现、预期表现及同期组织内的其他投资中心所实现的收益率进行比较。

问题 69 什么是贴现现金流

为什么重要：任何经理人在采购资产或进行长期投资时，都需要理解会计和银行是怎样评估这些投资的。

今天 100 英镑的价值要大于一年以后 100 英镑的价值——通货膨胀决定了这一切。因此当我们计算真正的投资回报率时，无论是购买股票还是一件设备，都有必要考虑到价值的递减。这就是贴现现金流（discounted cash flow，DCF）的作用，它把未来收益的价值减少到净现值（net present value，NPV）。

例如，你想买一台价格为 10 000 英镑的机器。你预期买了这台机器会让你在头四年里每年增加 3 000 英镑的收入，在第五年收入会增加 1 000 英镑，然后这台机器就会被淘汰了。这些未经调整的数字被称作未来价值（future value，FV）。根据预期的通货膨胀率，设定在今后五年每年的贴现率都是 3.5%，如表 7—1 所示。

表 7—1 贴现现金流应用实例

描述信息	未来价值（FV）	贴现率3.5%	净现值（NPV）
第一年的新增收入	3 000	100.0	3 000
第二年的新增收入	3 000	96.5	2 895
第三年的新增收入	3 000	93.0	2 790
第四年的新增收入	3 000	89.5	2 685
第五年的新增收入	1 000	86.0	860

续前表

描述信息	未来价值（FV）	贴现率3.5%	净现值（NPV）
未来新增收入的总净现值			12 230
买入价格			10 000
资本投资回报的净现值			2 230

据此来看，购买这台机器是值得的，因为在五年期间它会带来 2 230 英镑的收入。但是如果我们选定的贴现率后来被证明是低估了，那么这个结果可能就没有用了。当我们的计算期间延长到 10 年、20 年或者 30 年，这就真正成了一个难题。

评估或比较不同的投资、提议的行动方案或采购方案，贴现现金流是很有价值的工具。在其他条件一样的情况下，某项行动或投资的净现值超过成本最多，它就是最好的投资 / 决策。

使用的贴现率也许不是通货膨胀率，而是组织为所有资本投资设定的最低回报率。这个数字很可能要比通货膨胀率大很多。

从以上陈述中我们可以明显地看出，任何贴现现金流的计算都包含很多很难定量的变量。这就影响了它所能达到的准确度。因此，用贴现现金流来比较几个相互竞争的项目的回报率，只是作为未来回报率的一种预示，而不能作为精确的计算。

问题 70　收益支出和资本支出有何区别

为什么重要：在组织的账目中，收益和资本项目是被分别对待的。

支出可以分为两大部分。

收益支出和资本支出
收益支出是组织在生产和销售产品和服务的过程中所产生的日常支出。收益支出包括原材料、取暖、照明、行政和管理人员工资、办公用品、复印，等等。它们是企业经营的日常成本，要记在组织的损益账户上。
资本支出是组织在购买资产，比如一处新的不动产、机器或卡车时发生的支出。这些项目会给组织带来多年的收益，把它的全部成本都记在购买年度的账户上会使报告的利润失真，让年度之间的比较变得困难。为了避免这个问题，会计把这项资产的成本分摊到它的生命周期内，每年在损益账户上记一定量的折旧。

计算折旧有不同的方法。例如，一台机器购买时的价格是 100 000 英镑，预计可以使用五年。它每年的折旧应该是多少呢？

直线折旧法是最简单的方法，具体做法是在资产生命周期内的每一年，都在损益账户上计提相等数额的折旧额。所以：

100 000 ÷ 5 = 每年的折旧额 20 000 英镑

但是，如果会计认为这个机器在五年之后可以按 25 000 英镑的二手价卖掉的话，计算就变成了这样：

（100 000 英镑 − 25 000 英镑）÷ 5 =

每年（的折旧额）15 000 英镑

余额递减法则要求会计决定资产以哪种比率折旧。假设他们决定每年以20%的比率折旧，上述计算就变成了表7—2所示。

表 7—2 余额递减法示例

年	成本	余额	折旧率为20%	资产价值
1	100 000		20 000	80 000
2		80 000	16 000	64 000
3		64 000	12 800	51 200
4		51 200	10 240	40 960
3		40 960	8 192	32 768

使用哪种方法是由会计决定的。但是，因为使用不同的方法会影响到对外公布的利润额，所以无论使用哪种方法，在未来的很多年里都要保证方法的一致。

现在越来越多的“小型”资产，比如计算机、办公室的固定装置、配件和家具等，其价值都在购买年度全部冲销。但是，需要重申的是，如果你采用了这种方法，以后你也必须采用同样的方法，以保证方法的一致。

问题 71　固定成本和可变成本有何区别

为什么重要：只有理解固定成本和可变成本，你才能计算出盈亏平衡点。

成本的分类有很多种方法。在问题 67 中，成本被分为直接成本和分摊费用，同样，这些成本还可以被归类为固定成本或可变成本。

固定成本是指那些不会随着生产水平的变化而变化的成本。比如说，生产量从 100 000 件增加到 102 000 件并不会增加行政人员的工资、办公室的取暖和照明费用、广告或审计人员的费用，也不需要购买一台新的机器或一处不动产来应对生产量的这一变化，如图 7—4 所示。

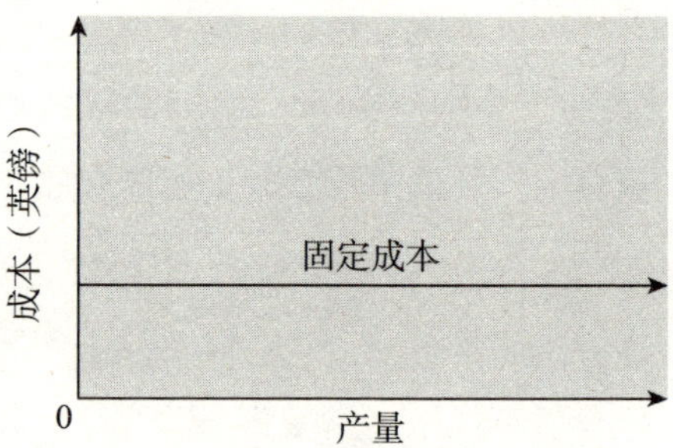

图 7—4　固定成本示例图

可变成本是随着产量的变化而变化的成本。它包括原材料、组件、包装或生产过程中耗费的电量，等等，如图 7—5 所示。

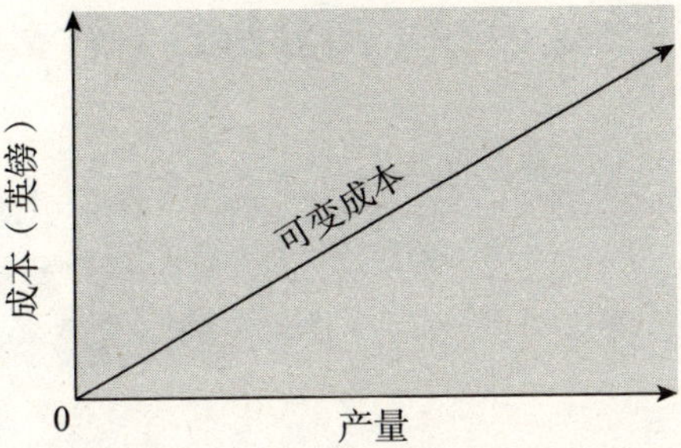

图 7—5　可变成本示例图

半固定成本是指在一定的生产水平范围内保持固定的成本。例如，用现有的机器设备，生产多达 109 999 单位的产品还是可能的，但是如果你想要产量超过 110 000 单位，你就必须得买一台新机器了，因为这已经达到了机器生产能力的上限，如图 7—6 所示。

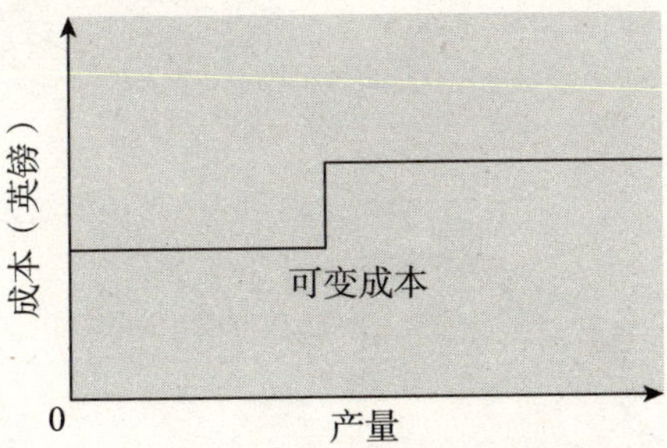

图 7—6　半固定成本示例图

问题 72　什么是盈亏平衡分析？为什么它很重要

为什么重要：一旦组织已经达到盈亏平衡点，产出产品的单位利润就会显著增长，因为所有的固定成本都已被弥补，进一步的销售只需要弥补那些与产量相关的可变成本。

要实现盈亏平衡，每个组织都必须弥补它的固定成本和可变成本。例如，一个组织只生产一种产品，该产品售价 20 英镑。每件产品的可变成本是 10 英镑，固定成本是 100 000 英镑。那其盈亏平衡点是多少呢？让我们来看一下图 7—7。

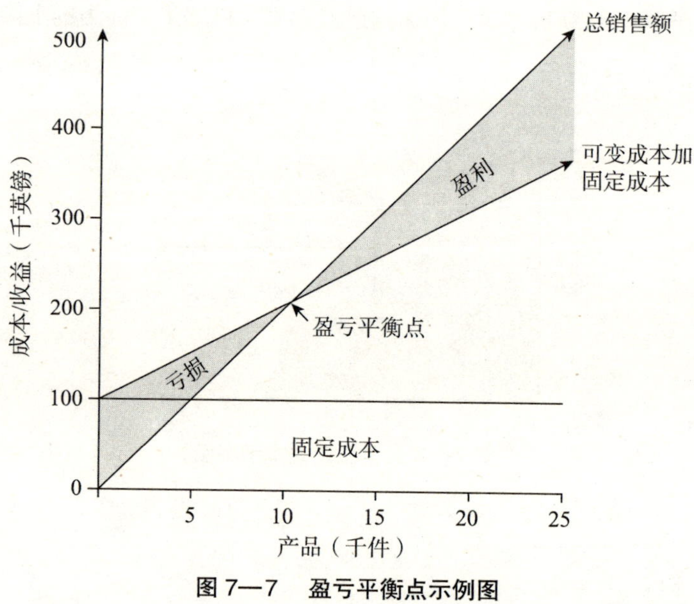

图 7—7　盈亏平衡点示例图

一旦达到盈亏平衡点，每卖出一件产品就产生 10 英镑的净利润：

售价 20 英镑 – 可变成本 10 英镑 = 利润 10 英镑

这是因为在盈亏平衡点已经弥补了所有的固定成本。这时，管理层可以选择是否要暂时降低产品价格，以进一步增加销量和（或）赢得新客户；或是保持价格不变，每卖出一件商品，继续坐享 10 英镑的利润。

问题 73　如何计算产品的售价

为什么重要：经理人必须意识到，他们无法计算产品的售价——供给和需求的相互作用决定着售价。

这是一个令人纠结的问题，却是我在职业生涯中多次被问到的问题，所以我要明确说明一点：产品的成本在决定售价方面是不起作用的。

售价是由市场上供给和需求的相互作用决定的。任何人都不会因为一件产品的成本是 200 英镑，就愿意花 250 英镑去购买它。同样，一本印刷成本还不到 5 美分的漫画书却可以卖到 100 万美元——就像最近的《神奇的幻想 15》(*Amazing Fantasy* 15，标志着在 1963 年蜘蛛侠的首次出现）所做到的那样。

产品成本在定价方面的唯一作用就是帮你决定你是否能够承担得起这场市场竞争的代价。如果你的成本低于市场价格，你可能会决定去竞争一下。但是在你这样决定之前，你需要考虑一下：如果你把你的资源投资于其他产品，你是否会得到更高的收益？

设定售价时，你要用该产品的全部成本（固定成本及可变成本之和），因为你无法保证新产品会实现盈亏平衡。一旦达到了盈亏平衡（请参见问题 72），你就可以在会计的帮助下决定是否要降低售价。

问题 74　四个最有用的财务比率是什么

为什么重要：比率以单独一个数字的形式，概述和强调了一些基本信息。你需要知道如何去解读比率。

毫不夸张地说，可以用来衡量组织财务状况的财务比率有上百种。有些很容易计算，有些却非常晦涩难懂，你需要有会计专业的资质才能完全理解它们的含义。所以我从这众多的数据中努力筛选，为你介绍四个关键的比率，这四个比率涵盖了主要的业务领域。

计算关键的比率
利润率：税后净利润/销售额×100 这个公式算出的百分比表明组织的整体盈利能力，可以用来与相同行业其他公司的利润率进行比较。
速动比率：（流动资产–库存）/流动负债 算出的结果表明组织的流动资产（现金和类似于现金的条目）偿还流动负债的能力。前些年，这个比率在1~1.5之间，就被认为是合适的。今天这个比例在1~1.1之间才被认为是合理的。少于1意味着该组织面临困难，难以按期还债，也许是因为它难以从它的债务人那里收回债务（请参见问题64）。
资产利用率：销售额/固定资产 算出的结果表明每一货币单位的固定资产会产生多少货币单位的销售额。这个比率表明组织利用固定资产的效率有多高——这个数值越高越好。
公司业绩：已投资资本回报率=税前、息前、红利前的利润/已投资的总资本 已投资的总资本指的是总资产减去流动负债（贷款和应付账款）。这个比率可以让你大致看出组织的总体表现，可以粗略地等同于你所看到的任何投资的回报率。

以上列出的四个比率让你能够监控组织基本的财务健康状况。我建议你每季度汇编计算一下，发现数据中的趋势。它们为你提供了早期的预警信号，让你看出组织增长和萎缩的趋势。

如果你任职于一家上市公司，这些数据在网上是公开的。如果你计算这些比率有困难的话，请你的会计帮忙。如果你受雇于一家私营企业、合伙企业或独资经营者，你也许能也许不能获得计算这些比率的数据。

问题 75　什么是成本效益分析

为什么重要：在制定决策时，考虑那些从财务角度很难定量的因素是极其重要的。

美国前国防部长罗伯特·麦克纳马拉（Robert McNamara）在越南战争期间发展了他的谬误理论，用来解释为什么在越战中大部分时间美国都认为他们胜利在望。美国的报道突出了可测量的信息，比如歼灭或俘虏越南共产党的数量，摧毁武器库存的数量等。但是他们没有考虑到那些不可定量的因素，如敌军的士气及越南人民想要摆脱外国干涉内政的迫切愿望。罗伯特·麦克纳马拉的理论包含四条语句。我已经把它调整成适合经理人需求的语句。

经理人
衡量那些他们容易衡量的因素。
忽略或不准确地量化那些难以衡量的因素。
假定那些无法被准确衡量的因素是不重要的。
假定那些无法衡量的因素不存在。

这表明经理人经常因为从财务的角度难以表达某些重要的数据而忽略这些数据。成本效益分析（cost benefit analysis，CBA）试图解决这个问题，它为给所有的成本和效益都分配了一个财务上的量值。但是，CBA 在方法上缺乏严谨性 / 明确性。

这意味着在很多CBA分析实践中，对于非财务方面的成本和效益都是难以准确定量的。

私营部门很少采用CBA方法，他们仍然十分喜欢用贴现现金流的方法。但是，CBA也被用来计算无形资产的价值，如公司价值和企业形象。

在与国家政府或地方政府签订合同时，私营部门的组织也要用到CBA方法。比如，CBA方法曾被用来证明高速铁路2号线工程（High Speed 2 rail project，HS2）420亿英镑成本的合理性。关于HS2有很多争议，这是因为对于这项工程所声称的成本和效益是怎样计算出来的，人们并不是很清楚。大家普遍认为，因为很少有规则规定成本和效益的计算方法，所以会计和经济学家有可能操纵数据，以提供有利于支持项目赞助商立场的答案。

问题76 如何增加组织的利润

为什么重要：任何商业组织要想生存下去，都必须创造足够的利润以偿还债务、进行未来的投资及回报组织的所有者。

如果我有能帮组织增加利润的万全之策，我就不会写这本书了。我就会挑战比尔·盖茨成为世界首富了。虽然我没有这样的万全之策，但是我可以列出一系列的策略，帮助不同的组织在它们生命周期的不同时期增加利润。

你该做什么

首要步骤

- 建立组织的本期收入和支出档案，按月按年分析这些数据。如果有必要，可以让会计和你一起做。
- 根据以上的数据，计算出当期利润（用一个特定时间段内的总收入减去总支出）。你的净利润比例是多少（请参见问题 74）？六个月后你想要这个比例达到多少？一年后呢？五年后呢？设定一些目标。
- 列出你所有的收入来源和每项所获得的收入额，与去年每项均摊到每个月的收入额进行对比。对于支出也这样做。

支出

- 检查你的支出列表，问一些最基本的问题："我们真的需要买这个东西吗？"你会惊讶地发现你的答案经常都是"不"。如果你真的需要那个东西，继续询问该项支出的数额及下订单订购这个东西的人。比如，问一下"为什么我们要在这个东西上花这些钱？""它给我们带来了哪些好处？""我们可以在不影响质量的前提下，用便宜些的替代品代替它吗？""从其他的供应商那里，我们可以得到更优惠的条件吗？""如果我们大量购买或用现金购买或承诺 28 天之内付款，我们能得到折扣价吗？"。总之，问任何可能帮助你降低成本的问题。

- 在有能力清偿债务时还清债务，以减少利息支出，或者换成便宜些的再融资交易。
- 从经营的各个方面消除浪费。
- 以最优惠的价格购买符合要求及标准的商品和材料，使组织更加经济、节约（请参见问题 65）。
- 充分利用现有的投入水平，努力增加产出的数量，以提高效率（请参见问题 65）。
- 如果把某些服务转包出去更便宜的话，就把它转包出去，例如保洁服务、IT 服务等。
- 能否通过采用新技术、兼职雇员或合同雇员等方式，来降低劳动力成本?

收入

- 可以通过提高售价、提供折扣或特价商品的方式来提高销售额吗?
- 利用帕累托法则，找到那些为组织创造了 80% 销售额的 20% 产品。能否利用此产品的现有客户或对此产品感兴趣的新客户来增加销售额?
- 确保所有的发票都是在发货当天开具的，所有的资金都在信用期限内收回。不要为别人的企业提供资金。把钱收进来，用它来减少你的借贷和（或）增加你的存款或投资于其他资产。
- 找到那些为你贡献了 80% 的收入的 20% 客户。他们可能对你生产的哪些其他产品感兴趣吗?
- 找到那些给你带来了最多的麻烦的 20% 客户。然后考虑一下，你是否应该放弃他们，用省下来的资源来赢得更多有价值的客户？我曾经尝试过，而且这样做可能是十分有效的（尽管你可能会因此和销售经理起纠纷）。

- 集思广益，讨论关于开发新产品或对现有产品进行改进的方案，看看它们能否在现有客户和新客户身上找到销路。
- 把销售团队和市场团队召集到一起，集体讨论一些省钱的市场销售促销方案。从客户、供应商、竞争对手、电视节目及其他任何地方获取一点一滴有价值的点子。
- 考虑一下，以很少的成本，你可以进入哪些新市场。
- 试运行一些方案，抛弃那些没有正收益的方案。
- 看看你能否为客户提供一些补充的服务。例如，如果你经营一家零售汽车展厅，你能否为客户提供划痕修复服务？很多客户不修理划痕，因为他们被告知修复划痕需要重新喷漆，但实际上现在有很多专门从事修复划痕的组织。

资产

- 检查你的组织所拥有的资产。你是否在最大化地利用资产？比如，几年前一家具有首创精神的动物园在研究动物粪便产生的问题。一个聪明人建议不要把动物粪便处理掉，而应该把它当作动物园肥料卖掉。今天许多动物园都效仿了这个做法。不断地审视你的成本、收入和资产利用情况，而不是处理当前的危机所引发的非经常性事件。
- 你的库存是不是过多了？你可以减少库存水平，并把所得的现金用于偿还贷款或投资新的赚钱项目吗？有没有一些你不需要的、可以卖掉或转租出去的厂房、机器或土地？你可以用获得的收益进行投资或变成存款。投资于一些可以在中期内增加现金流量和利润的新设备和生产工艺不失为明智之举（请参见问题 69）。

- 现有的固定资产，比如机器，是否在维修和保养方面花费太多了？你是否需要用一些更有效率的东西替换它们？
- 改善你应对债务人的方法。不要让销售人员将产品卖给有不良信用记录的人。改善信贷控制程序，尤其要追讨坏账和呆账。如果有必要的话，可以利用讨债公司。
- 低价处理旧的、老式的库存，能卖多少钱就卖多少钱。如果这些库存继续待在你的库房里，不仅会占据空间，而且还会越来越贬值。

问一问自己

- 我是否把提高利润当作我的一部分工作？如果不是的话，为什么不呢？
- 我有没有问过我的团队我们怎样才能提高利润？如果没有的话，为什么没有呢？

管理的艺术 → LITTLE BOOK OF BIG MANAGEMENT QUESTIONS

你爬得越高，很好地理解财务术语对你来说，就越重要。

一知半解是很危险的。这一部分给出的信息只是写给审阅人的。在做任何财务决策时，都要和你的会计一起讨论所需要的会计或财务信息。

如果你在参与财务讨论，不要羞于问“你这样说是什么意思？”。在不理解的时候要求对方澄清解释是聪明智慧的表现。在你不理解的时候假装理解才是愚蠢到家的行为。

要记住，会计账目看似是在数学上精准无误的文档，但其实并非如此。

许多会计因为人们不愿去征询他们的意见而倍感沮丧。大多数会计在别人询问时都十分乐意帮忙。

价格是由市场上供给和需求的相互作用决定的——不是由产品或服务的生产成本决定的。

只要你努力去寻找，每一个组织里都有增加利润的机会。

结　论

如果你只是在几次小憩中翻读此书，看到一位经理人可能遇到的问题数量如此之多，你也许会感到有一点不堪重负。不必如此。这里讨论的问题是一位经理人在整个职业生涯中可能会遇到的问题。如果你看见所有这些问题同时出现在你的办公桌上，甚至在一年之内遇到所有这些问题，那你也实在是太不走运了。

你还需要记住，根本没有所谓的完美的经理人——尽管我曾经遇到过一两个人自认为是完美的经理人。这样的人通常对自己的优势和弱点知之甚少——正如温斯顿·丘吉尔所描述的那样“他们（通常）连一个小摊都不适合管理”。

要想成为自己能力所及的最好的经理人，你就必须要真诚地面对你自己、你的信念和态度。务必要学习书中的观念，以此指导自己的实践，不要害怕去模仿你在工作中所遇到的优秀做法的实例，但不要试图成为别人的复制品，要成为一个独一无二的经理人：一个既有优势也有缺点的经理人，一个真实表达你的个性的经理人，一个被众人认可的、真诚可信的、他人乐于追随的经理人。

译者后记

应中国人民大学出版社的邀约，我们有幸参与了《管理问题书：经理人必知的 76 个管理真相》一书的翻译工作。该书简洁明了的写作风格、丰富的管理知识让我们受益匪浅。在翻译的过程中，我们感受到该书的最大亮点是针对性强，注重实效，且富含哲理。

书中提出的每个问题都是针对管理者在整个职业生涯中常见却又捉襟见肘的问题，作者凭借其丰富的管理经验和扎实的理论积淀，用清晰简练的语言表述出这些难题的重要性。而且不同于多数管理书籍，本书还就如何应用其方法解决实际问题，提供了详尽的应对之策，并让读者扪心自问，思考自己组织内的问题，进而让读者彻底顿悟。因此，无论是对于职业经理人还是立志成为经理人的人，本书无疑都是一部简明实用的工具书。翻阅此书，只需短短几分钟就会令您茅塞顿开，使颇为复杂的管理问题迎刃而解。此外，对于经济管理类的学者和在校学生，本书也同样具有相当大的借鉴价值。

作者学贯东西，每一章节均以东方圣哲孔子的《论语》开篇，恰当地引用《论语》中的篇章，以东方智慧开启困惑之门，解决经理人可能遇到的难题，让中国的读者更容易领悟，从而产生共鸣，领会其精髓所在。

在翻译的过程中，我们对文字反复推敲，特别是专业术语和管理学理论，力求将原著严谨而简练的语言风格准确地传达给读者，让读者轻松自然地领会作者的思想。鉴于我们的水平有限，不足之处也敬请读者谅解。

本书由赵欣（东北财经大学国际商务外语学院）组织翻译，由赵欣、胡柏翠（大连财经学院商务外语学院）共同翻译完成。本书在翻译过程中，还得到了邹久娟、张哲、刘雪峰、杨琴、谭莉、范连颖等人的帮助和支持，以及中国人民大学出版社多位编辑的鼎力相助，谨在此向他们表示衷心的感谢！

赵欣、胡柏翠

北京阅想时代文化发展有限责任公司为中国人民大学出版社有限公司下属的商业新知事业部，致力于经管类优秀出版物（外版书为主）的策划及出版，主要涉及经济管理、金融、投资理财、心理学、成功励志、生活等出版领域，下设“阅想·商业”、“阅想·财富”、“阅想·新知”、“阅想·心理”以及“阅想·生活”等多条产品线。致力于为国内商业人士提供涵盖最先进、最前沿的管理理念和思想的专业类图书和趋势类图书，同时也为满足商业人士的内心诉求，打造一系列提倡心理和生活健康的心理学图书和生活管理类图书。

阅想·商业

《共享经济商业模式：重新定义商业的未来》

- 欧洲最大的共享企业 JustPark 创始人倾情写作、国内外共享企业大咖联袂推荐。
- 本书为读者全面介绍了在共享经济领域产生或多或少影响的创始人、投资人、大财团、工人以及各类政府，并逐章介绍了这一领域的一些领军人物。
- 本书首次从共享经济各个层面的参与者角度、全方位深度解析人人参与的协同消费，探究共享经济商业模式发展历程及未来走向。

《德国制造：国家品牌战略启示录》

- 赛迪研究院专家组倾情翻译。
- 从冠军品牌、超级明星品牌再到隐形冠军品牌，以广阔而迷人的视角，深度解析德国制造究竟好

在哪里。

- 工业4.0研究院院长兼首席经济学家胡权、工业4.0俱乐部秘书长杜玉河、工信部国际经济技术合作中心电子商务研究所所长王喜文等联袂推荐。

《故事场景摩天楼：不再制造营销，开始创造世界富有》

- 《纽约时报》畅销书，亚马逊营销类图书Top100。
- 互联网营销新模式“故事场景摩天楼”的提出者、D&AD和戛纳国际创意广告节大奖评委莱戈布鲁及多项国际广告大奖获得者麦科尔倾力奉献全球商业服务领先者麒灵广告的品牌营销智慧。
- 《故事场景摩天楼》为我们提供了互联网时代新的广告和营销方式，它将故事作为给消费者设计情感和交易体验的基础。每个连接都鼓励消费者与他人打交道，因此品牌就会成为消费者故事的一部分。

《指尖上的场景革命：打造移动终端的极致体验感》

- 第一本打造移动终端场景体验感的权威落地书。
- 全景诠释追求极致体验感的发展思路，助力企业实现移动场景时代的战略转型。
- 中国移动研究院徐荣博士领衔翻译。
- 本书对基于移动场景的极致体验感不仅仅作了概

要性的、全景性的介绍，还以丰富的实例，介绍了企业在追求极致体验感的转型道路上如何制定长远规划和实施纲要，从而帮助企业实现战略转型。

《工作的未来：移动办公及创业的另一种可能》

- 一场重新定义工作以及工作场所的革命即将到来。
- 科技和生活方式的改变促使职场正经历着工业革命以来前所未有的转型。旧有的工作模式不仅越来越站不住脚，而且越来越不受欢迎；移动办公、碎片式雇佣、协同共享、创新经济将是未来。
- 《工作的未来》全面探讨了职业与劳动力发展的趋势，带领我们重新认识职场并让你做好准备迎接未来。

《Eyeful 演讲实验室：超震憾可视化演讲设计教程》

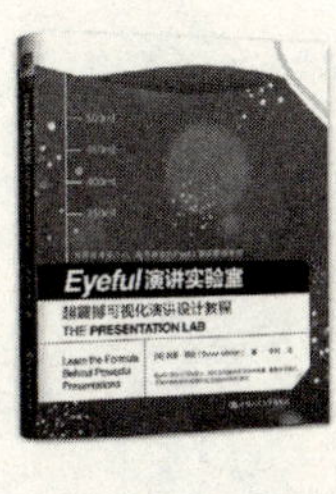

- 世界排名前三的演示咨询和设计公司 Eyeful Presentations 的演讲设计秘籍。
- 本书作者是 Eyeful 演讲公司创始人、国际知名演讲培训专家西蒙•莫顿，他将亲自展示如何做出颠覆传统与视觉的 PPT 演讲。
- 通过本书你将学会如何分析听众、搭建故事结构、组织信息、数据，形成丰富的内容，如何选择图像和视觉概念，如何为你的演讲选择合适的演讲方式、演示工具。

- 《Eyeful 演示实验室》将帮你成为像 TED 主讲人、乔布斯等一样优秀的演讲人。

阅想·心理

《改变心理学的 40 项研究》(第 7 版)》

- 心理学史上影响无数人的、最重要的 40 项研究 。
- 20 年来畅销不衰的心理学入门经典图书全新升级和修订 。
- 亚马逊心理学类畅销书 Top100，亚马逊心理健康类畅销书 NO1。

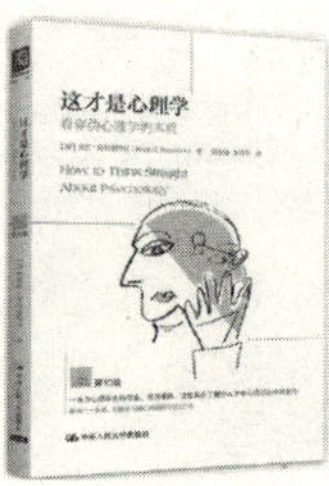

《这才是心理学：看穿伪心理学的本质》(第 10 版)

- 一本为心理学去伪存真、有态度的、让你真正了解什么才是心理学的经典著作。
- 畅销三十余年、长踞亚马逊心理类图书前 100 名位置。
- 这本书并不同于一般的心理学导论类教材，很多内容是心理学课堂上不曾讲授的，也是许多心理学教师在教学中感到只可意会而不可言传的。

图书在版编目（CIP）数据

管理问题书：经理人必知的 76 个管理真相 /（英）麦克格拉斯著；赵欣，胡柏翠译 .—北京：中国人民大学出版社，2016. 3

ISBN 978-7-300-22415-2

Ⅰ. ①管… Ⅱ. ①麦… ②赵… ③胡… Ⅲ. ①组织管理学 Ⅳ. ①C936

中国版本图书馆 CIP 数据核字（2016）第021123号

管理问题书：经理人必知的 76 个管理真相

［英］詹姆斯 · 麦克格拉斯　著

赵欣、胡柏翠　译

Guanli Wentishu: Jingliren Bizhi de 76 ge Guanli Zhenxiang

出版发行	中国人民大学出版社		
社　　址	北京中关村大街31号	**邮政编码**	100080
电　　话	010-62511242（总编室）		010-62511770（质管部）
	010-82501766（邮购部）		010-62514148（门市部）
	010-62515195（发行公司）		010-62515275（盗版举报）
网　　址	http:// www. crup. com. cn		
	http:// www. ttrnet. com（人大教研网）		
经　　销	新华书店		
印　　刷	北京东君印刷有限公司		
规　　格	145 mm × 210 mm　32开本	**版　　次**	2016年3月第1版
印　　张	7. 375 插页 1	**印　　次**	2017年11月第 5 次印刷
字　　数	134 000	**定　　价**	49. 00元
